Não aceitemos o rótulo de que não podemos e não vamos conseguir. Há uma semente divina de elevação em nosso interior. Ninguém pode determinar nosso destino, a não ser nós mesmos.

Nascemos no lugar certo e na melhor família para o nosso aprendizado. O lugar que estamos não é o lugar que vamos ficar para sempre.

Tudo muda e tudo se transforma se partilharmos nossos dons e nossos talentos.

Rodrigues de Camargo

TODO DIA
2022

© 2021 Rodrigues de Camargo

Os direitos autorais desta obra foram cedidos pelo autor para a Editora EME, o que propicia a venda dos livros com preços mais acessíveis e a manutenção de campanhas com preços especiais a Clubes do Livro de todo o Brasil.

A Editora EME mantém o Centro Espírita "Mensagem de Esperança" e patrocina, junto com outras empresas, instituições de atendimento social de Capivari-SP.

1ª edição bolso – setembro/2021 – 1.000 exemplares

REVISÃO | Izabel Braghero
CAPA | vbenatti
PROJETO GRÁFICO E DIAGRAMAÇÃO | Joyce Ferreira
ILUSTRAÇÕES INTERNAS | DR Perillo
ISBN | Luxo ISBN - 978-85-7353-396-5
Capa dura - 978-85-7353-404-7
Bolso - 978-85-7353-501-3

O homem é assim o árbitro constante de sua própria sorte.
Ele pode aliviar o seu suplício ou prolongá-lo indefinidamente.
Sua felicidade ou sua desgraça dependem da sua vontade de fazer o bem.

Allan Kardec

Solicite nosso catálogo completo, com mais de 400 títulos, onde você encontra as melhores opções do bom livro espírita: literatura infantojuvenil, contos, obras biográficas e de autoajuda, mensagens espirituais, romances, estudos doutrinários, obras básicas de Allan Kardec, e mais os esclarecedores cursos e estudos para aplicação no centro espírita – iniciação, mediunidade, reuniões mediúnicas, oratória, desobsessão, fluidos e passes.

E caso não encontre os nossos livros na livraria de sua preferência, solicite o endereço de nosso distribuidor mais próximo de você.

Edição e distribuição

EDITORA EME
Avenida Brigadeiro Faria Lima, 1080 – Vila Fátima
CEP 13360-000 – Capivari-SP
Telefones: (19) 3491-7000 | 3491-5449
Vivo (19) 9 9983-2575 ☎ | Claro (19) 9 9317-2800
vendas@editoraeme.com.br – www.editoraeme.com.br

Uma lei que nunca erra:
Reencarnação, a lei bendita...
Cada ser retorna à Terra
Na lição que necessita.

Jésus Gonçalves **(Chico Xavier)**

TODO DIA 2022

Dados pessoais

Nome: _____

Endereço residencial: _____

_____

Fone/Celular: _____

Endereço comercial: _____

_____

E-mail: _____

Cidade_____ Estado _____

Calendário 2022

JANEIRO

D	S	T	Q	Q	S	S
						1
2	3	4	5	6	7	8
9	10	11	12	13	14	15
16	17	18	19	20	21	22
23	24	25	26	27	28	29
30	31					

01 – Confraternização universal

FEVEREIRO

D	S	T	Q	Q	S	S
		1	2	3	4	5
6	7	8	9	10	11	12
13	14	15	16	17	18	19
20	21	22	23	24	25	26
27	28					

MARÇO

D	S	T	Q	Q	S	S
		1	2	3	4	5
6	7	8	9	10	11	12
13	14	15	16	17	18	19
20	21	22	23	24	25	26
27	28	29	30	31		

01 – Carnaval
08 – Dia Internacional da mulher
20 – Início do outono

ABRIL

D	S	T	Q	Q	S	S
					1	2
3	4	5	6	7	8	9
10	11	12	13	14	15	16
17	18	19	20	21	22	23
24	25	26	27	28	29	30

15 – Sexta-feira santa
17 – Páscoa
21 – Tiradentes
22 – Descobrimento do Brasil

MAIO

D	S	T	Q	Q	S	S
1	2	3	4	5	6	7
8	9	10	11	12	13	14
15	16	17	18	19	20	21
22	23	24	25	26	27	28
29	30	31				

01 – Dia do Trabalho
08 – Dia das Mães

JUNHO

D	S	T	Q	Q	S	S
			1	2	3	4
5	6	7	8	9	10	11
12	13	14	15	16	17	18
19	20	21	22	23	24	25
26	27	28	29	30		

12 – Dia dos namorados
16 – Corpus Christi
21 – Início do inverno

JULHO

D	S	T	Q	Q	S	S
					1	2
3	4	5	6	7	8	9
10	11	12	13	14	15	16
17	18	19	20	21	22	23
24	25	26	27	28	29	30
31						

AGOSTO

D	S	T	Q	Q	S	S
	1	2	3	4	5	6
7	8	9	10	11	12	13
14	15	16	17	18	19	20
21	22	23	24	25	26	27
28	29	30	31			

14 – Dia dos Pais

SETEMBRO

D	S	T	Q	Q	S	S
				1	2	3
4	5	6	7	8	9	10
11	12	13	14	15	16	17
18	19	20	21	22	23	24
25	26	27	28	29	30	

07 – Independência do Brasil
22 – Início da primavera

OUTUBRO

D	S	T	Q	Q	S	S
						1
2	3	4	5	6	7	8
9	10	11	12	13	14	15
16	17	18	19	20	21	22
23	24	25	26	27	28	29
30	31					

12 – N. S. Aparecida / Dia das crianças
15 – Dia do Professor

NOVEMBRO

D	S	T	Q	Q	S	S
		1	2	3	4	5
6	7	8	9	10	11	12
13	14	15	16	17	18	19
20	21	22	23	24	25	26
27	28	29	30			

02 – Finados
15 – Proclamação da República
20 – Dia da Consciência Negra

DEZEMBRO

D	S	T	Q	Q	S	S
				1	2	3
4	5	6	7	8	9	10
11	12	13	14	15	16	17
18	19	20	21	22	23	24
25	26	27	28	29	30	31

21 – Início do verão
25 – Natal

Calendário 2021

JANEIRO
D	S	T	Q	Q	S	S
					1	2
3	4	5	6	7	8	9
10	11	12	13	14	15	16
17	18	19	20	21	22	23
24	25	26	27	28	29	30
31						

FEVEREIRO
D	S	T	Q	Q	S	S
	1	2	3	4	5	6
7	8	9	10	11	12	13
14	15	16	17	18	19	20
21	22	23	24	25	26	27
28						

MARÇO
D	S	T	Q	Q	S	S
	1	2	3	4	5	6
7	8	9	10	11	12	13
14	15	16	17	18	19	20
21	22	23	24	25	26	27
28	29	30	31			

ABRIL
D	S	T	Q	Q	S	S
				1	2	3
4	5	6	7	8	9	10
11	12	13	14	15	16	17
18	19	20	21	22	23	24
25	26	27	28	29	30	

MAIO
D	S	T	Q	Q	S	S
						1
2	3	4	5	6	7	8
9	10	11	12	13	14	15
16	17	18	19	20	21	22
23	24	25	26	27	28	29
30	31					

JUNHO
D	S	T	Q	Q	S	S
		1	2	3	4	5
6	7	8	9	10	11	12
13	14	15	16	17	18	19
20	21	22	23	24	25	26
27	28	29	30			

JULHO
D	S	T	Q	Q	S	S
				1	2	3
4	5	6	7	8	9	10
11	12	13	14	15	16	17
18	19	20	21	22	23	24
25	26	27	28	29	30	31

AGOSTO
D	S	T	Q	Q	S	S
1	2	3	4	5	6	7
8	9	10	11	12	13	14
15	16	17	18	19	20	21
22	23	24	25	26	27	28
29	30	31				

SETEMBRO
D	S	T	Q	Q	S	S
			1	2	3	4
5	6	7	8	9	10	11
12	13	14	15	16	17	18
19	20	21	22	23	24	25
26	27	28	29	30		

OUTUBRO
D	S	T	Q	Q	S	S
					1	2
3	4	5	6	7	8	9
10	11	12	13	14	15	16
17	18	19	20	21	22	23
24	25	26	27	28	29	30
31						

NOVEMBRO
D	S	T	Q	Q	S	S
	1	2	3	4	5	6
7	8	9	10	11	12	13
14	15	16	17	18	19	20
21	22	23	24	25	26	27
28	29	30				

DEZEMBRO
D	S	T	Q	Q	S	S
			1	2	3	4
5	6	7	8	9	10	11
12	13	14	15	16	17	18
19	20	21	22	23	24	25
26	27	28	29	30	31	

Calendário 2023

JANEIRO
D	S	T	Q	Q	S	S
1	2	3	4	5	6	7
8	9	10	11	12	13	14
15	16	17	18	19	20	21
22	23	24	25	26	27	28
29	30	31				

FEVEREIRO
D	S	T	Q	Q	S	S
			1	2	3	4
5	6	7	8	9	10	11
12	13	14	15	16	17	18
19	20	21	22	23	24	25
26	27	28				

MARÇO
D	S	T	Q	Q	S	S
			1	2	3	4
5	6	7	8	9	10	11
12	13	14	15	16	17	18
19	20	21	22	23	24	25
26	27	28	29	30	31	

ABRIL
D	S	T	Q	Q	S	S
						1
2	3	4	5	6	7	8
9	10	11	12	13	14	15
16	17	18	19	20	21	22
23	24	25	26	27	28	29
30						

MAIO
D	S	T	Q	Q	S	S
	1	2	3	4	5	6
7	8	9	10	11	12	13
14	15	16	17	18	19	20
21	22	23	24	25	26	27
28	29	30	31			

JUNHO
D	S	T	Q	Q	S	S
				1	2	3
4	5	6	7	8	9	10
11	12	13	14	15	16	17
18	19	20	21	22	23	24
25	26	27	28	29	30	

JULHO
D	S	T	Q	Q	S	S
						1
2	3	4	5	6	7	8
9	10	11	12	13	14	15
16	17	18	19	20	21	22
23	24	25	26	27	28	29
30	31					

AGOSTO
D	S	T	Q	Q	S	S
		1	2	3	4	5
6	7	8	9	10	11	12
13	14	15	16	17	18	19
20	21	22	23	24	25	26
27	28	29	30	31		

SETEMBRO
D	S	T	Q	Q	S	S
					1	2
3	4	5	6	7	8	9
10	11	12	13	14	15	16
17	18	19	20	21	22	23
24	25	26	27	28	29	30

OUTUBRO
D	S	T	Q	Q	S	S
1	2	3	4	5	6	7
8	9	10	11	12	13	14
15	16	17	18	19	20	21
22	23	24	25	26	27	28
29	30	31				

NOVEMBRO
D	S	T	Q	Q	S	S
			1	2	3	4
5	6	7	8	9	10	11
12	13	14	15	16	17	18
19	20	21	22	23	24	25
26	27	28	29	30		

DEZEMBRO
D	S	T	Q	Q	S	S
					1	2
3	4	5	6	7	8	9
10	11	12	13	14	15	16
17	18	19	20	21	22	23
24	25	26	27	28	29	30
31						

Organize-se

Você abriu, *feche.*
Acendeu, *apague.*
Desarrumou, *arrume.*
Sujou, *limpe.*
Está usando algo, *trate-o com carinho.*
Quebrou, *conserte.*
Não sabe consertar, *chame quem o faça.*
Para usar o que não lhe pertence, *peça licença.*
Pediu emprestado, *devolva.*
Não sabe como funciona, *não mexa.*
É de graça, *não desperdice.*
Não sabe fazer melhor, *não critique.*
Não veio ajudar, *não atrapalhe.*
Prometeu, *cumpra.*
Ofendeu, *desculpe-se.*
Falou, *assuma.*

*Seguindo esses preceitos,
você viverá melhor.*

Planejamento Anual de Atividades

Janeiro

1. S
2. D
3. S
4. T
5. Q
6. Q
7. S
8. S
9. D
10. S
11. T
12. Q
13. Q
14. S
15. S
16. D
17. S
18. T
19. Q
20. Q
21. S
22. S
23. D
24. S
25. T
26. Q
27. Q
28. S
29. S
30. D
31. S

Fevereiro

1. T
2. Q
3. Q
4. S
5. S
6. D
7. S
8. T
9. Q
10. Q
11. S
12. S
13. D
14. S
15. T
16. Q
17. Q
18. S
19. S
20. D
21. S
22. T
23. Q
24. Q
25. S
26. S
27. D
28. S

Planejamento Anual de Atividades

Março

1. T
2. Q
3. Q
4. S
5. S
6. D
7. S
8. T
9. Q
10. Q
11. S
12. S
13. D
14. S
15. T
16. Q
17. Q
18. S
19. S
20. D
21. S
22. T
23. Q
24. Q
25. S
26. S
27. D
28. S
29. T
30. Q
31. Q

Abril

1. S
2. S
3. D
4. S
5. T
6. Q
7. Q
8. S
9. S
10. D
11. S
12. T
13. Q
14. Q
15. S
16. S
17. D
18. S
19. T
20. Q
21. Q
22. S
23. S
24. D
25. S
26. T
27. Q
28. Q
29. S
30. S

PLANEJAMENTO ANUAL DE ATIVIDADES

Maio	Junho
1 D	1 Q
2 S	2 Q
3 T	3 S
4 Q	4 S
5 Q	5 D
6 S	6 S
7 S	7 T
8 D	8 Q
9 S	9 Q
10 T	10 S
11 Q	11 S
12 Q	12 D
13 S	13 S
14 S	14 T
15 D	15 Q
16 S	16 Q
17 T	17 S
18 Q	18 S
19 Q	19 D
20 S	20 S
21 S	21 T
22 D	22 Q
23 S	23 Q
24 T	24 S
25 Q	25 S
26 Q	26 D
27 S	27 S
28 S	28 T
29 D	29 Q
30 S	30 Q
31 T	

PLANEJAMENTO ANUAL DE ATIVIDADES

Julho

1 S
2 S
3 D
4 S
5 T
6 Q
7 Q
8 S
9 S
10 D
11 S
12 T
13 Q
14 Q
15 S
16 S
17 D
18 S
19 T
20 Q
21 Q
22 S
23 S
24 D
25 S
26 T
27 Q
28 Q
29 S
30 S
31 D

Agosto

1 S
2 T
3 Q
4 Q
5 S
6 S
7 D
8 S
9 T
10 Q
11 Q
12 S
13 S
14 D
15 S
16 T
17 Q
18 Q
19 S
20 S
21 D
22 S
23 T
24 Q
25 Q
26 S
27 S
28 D
29 S
30 T
31 Q

Planejamento Anual de Atividades

Setembro

1. Q
2. S
3. S
4. D
5. S
6. T
7. Q
8. Q
9. S
10. S
11. D
12. S
13. T
14. Q
15. Q
16. S
17. S
18. D
19. S
20. T
21. Q
22. Q
23. S
24. S
25. D
26. S
27. T
28. Q
29. Q
30. S

Outubro

1. S
2. D
3. S
4. T
5. Q
6. Q
7. S
8. S
9. D
10. S
11. T
12. Q
13. Q
14. S
15. S
16. D
17. S
18. T
19. Q
20. Q
21. S
22. S
23. D
24. S
25. T
26. Q
27. Q
28. S
29. S
30. D
31. S

Planejamento Anual de Atividades

Novembro

1. T
2. Q
3. Q
4. S
5. S
6. D
7. S
8. T
9. Q
10. Q
11. S
12. S
13. D
14. S
15. T
16. Q
17. Q
18. S
19. S
20. D
21. S
22. T
23. Q
24. Q
25. S
26. S
27. D
28. S
29. T
30. Q

Dezembro

1. Q
2. S
3. S
4. D
5. S
6. T
7. Q
8. Q
9. S
10. S
11. D
12. S
13. T
14. Q
15. Q
16. S
17. S
18. D
19. S
20. T
21. Q
22. Q
23. S
24. S
25. D
26. S
27. T
28. Q
29. Q
30. S
31. S

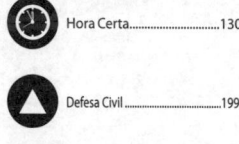 Hora Certa..................130

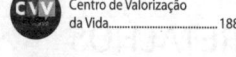 Defesa Civil..................199

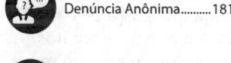 Centro de Valorização da Vida..................188

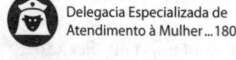 Denúncia Anônima..........181

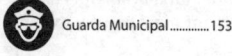 Delegacia Especializada de Atendimento à Mulher...180

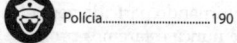 Guarda Municipal............153

 Polícia..................190

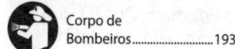 SAMU..................192

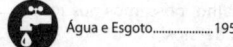 Corpo de Bombeiros..................193

 Água e Esgoto..................195

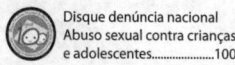 Energia Elétrica (FALTA)........ 0800 0101010

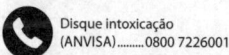 Disque denúncia nacional Abuso sexual contra crianças e adolescentes..................100

Disque intoxicação (ANVISA).........0800 7226001

Reencarnar é recomeçar. É receber de Deus uma nova chance de reconstituir as cenas de existências passadas nas quais, como roteiristas do filme de nossa vida, não soubemos escrever uma bela história.

Não nos preocupemos tanto com os possíveis personagens que vivenciamos em outras vidas. Se isso fosse mesmo importante, Deus nos faria lembrar. Não se pergunte o que você foi. Pergunte o que você tem sido. Coloquemos nossa atenção apenas nas tendências que trazemos do passado, e isso será para nós o mapa do tesouro que nos levará a uma vida de muitas bênçãos.

José Carlos De Lucca

SOU FEITA DE RETALHOS

Pedacinhos coloridos de cada vida que passa pela minha e que vou costurando na alma. Nem sempre bonitos, nem sempre felizes, mas me acrescentam e me fazem ser quem eu sou.

Em cada encontro, em cada contato, vou ficando maior... Em cada retalho, uma vida, uma lição, um carinho, uma saudade... Que me tornam mais pessoa, mais humana, mais completa.

E penso que é assim mesmo que a vida se faz: de pedaços de outras gentes que vão se tornando parte da gente também. E a melhor parte é que nunca estaremos prontos, finalizados... Haverá sempre um retalho novo para adicionar à alma.

Portanto, obrigada a cada um de vocês, que fazem parte da minha vida e que me permitem engrandecer minha história com os retalhos deixados em mim. Que eu também possa deixar pedacinhos de mim pelos caminhos e que eles possam ser parte das suas histórias.

E que assim, de retalho em retalho, possamos nos tornar, um dia, um imenso bordado de 'nós'.

Cris Pizziment

PERANTE JESUS

> E tudo quanto fizerdes, fazei-o de todo o coração,
> como ao Senhor, e não aos homens.
> **Paulo (Colossenses, 3:23.)**

Em todos os instantes, reconhecer-se na presença invisível de Jesus, que nos ampara nas obras do Bem Eterno.

Aceitou-nos o Cristo de Deus desde os primórdios da Terra.

Nos menores cometimentos, identificar a Vontade Superior, promovendo em toda parte a segurança e a felicidade das criaturas.

Cada coração humano é uma peça de luz potencial e Jesus é o Sublime Artífice.

Lembrar-se de que o Senhor trabalha por nós sem descanso.

Repouso indébito, deserção do dever.

Sem exclusão de hora ou local, precaver-se contra o reproche e a irreverência para com a Divina Orientação.

O acatamento é prece silenciosa.

Negar-se a interpretar o Eterno Amigo por vulgar revolucionário terreno.

Reconheçamo-lo como a Luz do Mundo.

Renunciar às comemorações natalinas que traduzam excessos de qualquer ordem, preferindo a alegria da ajuda fraterna aos irmãos menos felizes, como louvor ideal ao Sublime Natalício.

Os verdadeiros amigos do Cristo reverenciam-no em Espírito.

Identificar a posição que lhe cabe em relação a Jesus, o Emissário de Deus, evitando confrontos inaceitáveis.

O homem que exige seja o Cristo igual a ele, pretende, vaidosamente, nivelar-se com o Cristo.

Em todas as circunstâncias, eleger, no Senhor Jesus, o Mestre invariável de cada dia.

Somos o rebanho, Jesus é o Divino Pastor.

André Luiz **(Waldo Vieira) – Conduta espírita – FEB**

JANEIRO

Anotações importantes

viagens | cursos | reuniões | aniversários | provas | trabalhos | contas

1
2
3
4
5
6
7
8
9
10
11
12
13
14
15
16
17
18
19
20
21
22
23
24
25
26
27
28
29
30
31

01
JANEIRO
SÁBADO

Confraternização Universal
Dia Mundial da Paz

- 08h
- 09h
- 10h
- 11h
- 12h
- 13h
- 14h
- 15h
- 16h
- 17h
- 18h

Quando a pessoa se decide ao burilamento próprio, com ânimo e decisão, a existência física de cinquenta anos vale muito mais que o tempo correspondente a cinco séculos, sem orientação no aprimoramento moral de si mesma.

***André Luiz* (Chico Xavier e Waldo Vieira) – Anuário Espírita 1964 – IDE**

02
JANEIRO
DOMINGO

- 08h
- 09h
- 10h
- 11h
- 12h
- 13h
- 14h
- 15h

Jamais haverá ano novo se continuar a copiar os erros dos anos velhos.

Luís de Camões

03
JANEIRO
SEGUNDA

Todo Dia

08h

09h

10h

11h

12h

13h

14h

15h

16h

17h

18h

Hora	
08h	
09h	
10h	
11h	
12h	
13h	
14h	
15h	
16h	
17h	
18h	

04
JANEIRO
TERÇA

ANO NOVO CHEGOU

(...) Na escola da vida,
É tipo prova inesperada,
Assustando a garotada
Que não fez a lição pedida.

E não é o fim do caminho,
O vinte e dois já é chegado,
E o remédio, tão esperado,
Vem muito devagarinho.

Prudência, fé e coragem,
Vigilância e oração,
Fortalecem o coração
Para nossa longa viagem.

Que ninguém jamais desista,
Pelo contrário, resista,
Vencendo o mal com o bem,
Com os talentos que tem.

Porque Jesus nos ensina
Que a melhor vacina,
Para toda e qualquer dor,
Tem sempre o nome de Amor.

Donizete Pinheiro

05
JANEIRO
QUARTA

08h

09h

10h

11h

12h

13h

14h

15h

16h

17h

18h

Todo Dia

08h	**06**
	JANEIRO
09h	QUINTA
	Dia da gratidão
10h	
11h	
12h	As pessoas felizes lembram o passado com gratidão, alegram--se com o presente e encaram o futuro sem medo.
13h	***Epicuro***
14h	Andei por esta terra durante trinta anos e, por gratidão, quero deixar alguma lembrança.
15h	***Vincent van Gogh***
16h	Se o nosso amigo nos tem dado nenhum desgosto, só por isso lhe ficaremos a dever a nossa gratidão. O nosso erro seria querer demais dos nossos amigos.
17h	
18h	***Gustavo Capanema***

07
JANEIRO
SEXTA

08h

09h

10h

11h

12h

13h

14h

15h

16h

17h

18h

Todo Dia

8h	
9h	
0h	
1h	
2h	
3h	
4h	
5h	
6h	
7h	
8h	

08
JANEIRO
SÁBADO

Quando eu saí em direção ao portão que me levaria à liberdade, eu sabia que, se eu não deixasse minha amargura e meu ódio para trás, eu ainda estaria na prisão.
Nelson Mandela

Querias ser livre. Para essa liberdade, só há um caminho: o desapego das coisas que não dependem de nós.
Epicteto

8h	
9h	
0h	
1h	
2h	
3h	
4h	
5h	

09
JANEIRO
DOMINGO

Quero dias diferentes, pessoas que me acrescentem, quero vida e muita alegria ao meu redor, quero luzes coloridas e brilhantes, quero paz, quero amor, quero a liberdade de saber quem eu sou!
Ana Carolina

10
JANEIRO
SEGUNDA

Todo Dia

S	D	S	T	Q	Q	S	D	S	S	Q	Q	T	D	S	S	Q	Q	T	D	S	S	Q	Q	T	D	S	S	Q	Q	S
01	**02**	03	04	05	06	07	08	**09**	10	11	12	13	14	15	**16**	17	18	19	20	21	22	**23**	24	25	26	27	28	29	**30**	31

08h

09h

10h

11h

12h

13h

14h

15h

16h

17h

18h

11
JANEIRO
TERÇA

A melhora é às vezes lenta, e é forte a obstinação na prática do mal, porque o espírito tem sempre o livre-arbítrio.

Pode persistir no mesmo estado por anos ou séculos, mas chega sempre um momento em que sua obstinação em afrontar a Justiça de Deus se verga diante do sofrimento e, apesar de sua arrogância, reconhece a força superior que o domina.

Desde que se manifestem as primeiras luzes do arrependimento, Deus permite antever a esperança.

Allan Kardec – **O Céu e o Inferno – (Cap. VII, item 19) – Editora EME**

12
JANEIRO
QUARTA

Todo Dia

08h

09h

10h

11h

12h

13h

14h

15h

16h

17h

18h

13
JANEIRO
QUINTA

Aproveitássemos os erros por lições, anotando-os nos cadernos do passado, para a consulta no ensejo próprio.

Árvores alijam folhas mortas, não obstante lhes sirvam de adubo às raízes.

As Leis Divinas preceituam esquecimento do mal a fim de que o bem se nos incorpore à individualidade, gerando automatismos de elevação.

André Luiz (Chico Xavier) – Sexo e destino – FEB

Quando já completamos 80 anos – ou estamos perto – todo contemporâneo é um amigo.
Igor Stravinsky

Qual seria a sua idade se você não soubesse quantos anos você tem?
Confúcio

08h
09h
10h
11h
12h
13h
14h
15h
16h
17h
18h

14 JANEIRO
SEXTA

- 08h
- 09h
- 10h
- 11h
- 12h
- 13h
- 14h
- 15h
- 16h
- 17h
- 18h

Todo Dia

15 JANEIRO
SÁBADO

Trabalhemos vigiando. Aquilo que nos ocupa o pensamento é a substância de que se nos constituirá a própria vida.

Retiremos, dessa forma, o coração de tudo o que não seja material de edificação do Reino Divino, em nós próprios.

Emmanuel (Chico Xavier) – Palavras de vida eterna – CEC

16 JANEIRO
DOMINGO

A prisão não são as grades, e a liberdade não é a rua; existem homens presos na rua e livres na prisão. É uma questão de consciência.

Mahatma Gandhi

17
JANEIRO
SEGUNDA

Todo Dia

08h

09h

10h

11h

12h

13h

14h

15h

16h

17h

18h

18 JANEIRO — TERÇA

08h

09h

10h

11h

12h

13h

14h

15h

16h

17h

18h

Deem aos outros muita liberdade, se vocês quiserem ter a vossa parte.
Carlo Dossi

Peço perdão, em nome de todos os católicos, por todas as injustiças contra os não católicos no decorrer da história.
Papa João XXIII

Em todas as situações e em todos os assuntos, guardemos a alma nos ângulos em que algo surja digno de louvor, fixando o bem e procurando realizá-lo com todas as energias ao nosso alcance.

Aos mais infelizes, mais amparo.

Aos mais doentes, mais socorro.

Emmanuel (Chico Xavier) – Palavras de vida eterna – CEC

19
JANEIRO
QUARTA

08h

09h

10h

11h

12h

13h

14h

15h

16h

17h

18h

Todo Dia

08h	**20**
	JANEIRO
09h	QUINTA
	Dia do farmacêutico
10h	
11h	
12h	Não me interessa nenhuma religião cujos princípios não melhoram nem tomam em consideração as condições dos animais.
13h	
14h	***Abraham Lincoln***
	Os cães não são tudo em nossa vida, apenas a completam.
15h	***Roger Caras***
16h	Emmanuel costuma afirmar-nos que, sem religião, seríamos na Terra, viajores sem bússola, incapazes de orientar-nos no rumo da elevação real.
17h	
18h	***Chico Xavier***

21
JANEIRO
SEXTA

Dia mundial da religião

Todo Dia

08h

09h

10h

11h

12h

13h

14h

15h

16h

17h

18h

22
JANEIRO
SÁBADO

- 08h
- 09h
- 10h
- 11h
- 12h
- 13h
- 14h
- 15h
- 16h
- 17h
- 18h

As leis são um freio para os crimes públicos – a religião para os crimes secretos.
Rui Barbosa

Tudo me é lícito, mas nem tudo me convém.
Paulo (I Coríntios, 6:12)

23
JANEIRO
DOMINGO

- 08h
- 09h
- 10h
- 11h
- 12h
- 13h
- 14h
- 15h

Não há homem completo que não tenha viajado muito, que não tenha mudado vinte vezes de vida e de maneira de pensar.
Alphonse de Lamartine

24
JANEIRO
SEGUNDA

08h

09h

10h

11h

12h

13h

14h

15h

16h

17h

18h

Todo Dia

25
JANEIRO
TERÇA

08h

09h

10h

11h

12h

13h

14h

15h

16h

17h

18h

O Senhor corrige:

a ferida: com o bálsamo;

a dor: com o sedativo;

a doença: com o remédio;

a sombra: com a luz.
(...)
***Bezerra de Menezes* (Chico Xavier) – Brilhe vossa luz – IDE**

A civilização de um povo se avalia pela forma como trata seus animais.
Humbold

Não te creias, desse modo, em comunhão com a Divina Majestade, simplesmente porque te faças cuidadoso no culto externo da religião a que te afeiçoas.

Conhecimento nobre exige atividade nobre.

Elevação espiritual é também dever de servir ao Eterno Pai na pessoa dos semelhantes.

É por isso que fé e obras se completam no sistema de nossas relações com a vida superior.
***Emmanuel* (Chico Xavier) – Palavras de vida eterna – CEC**

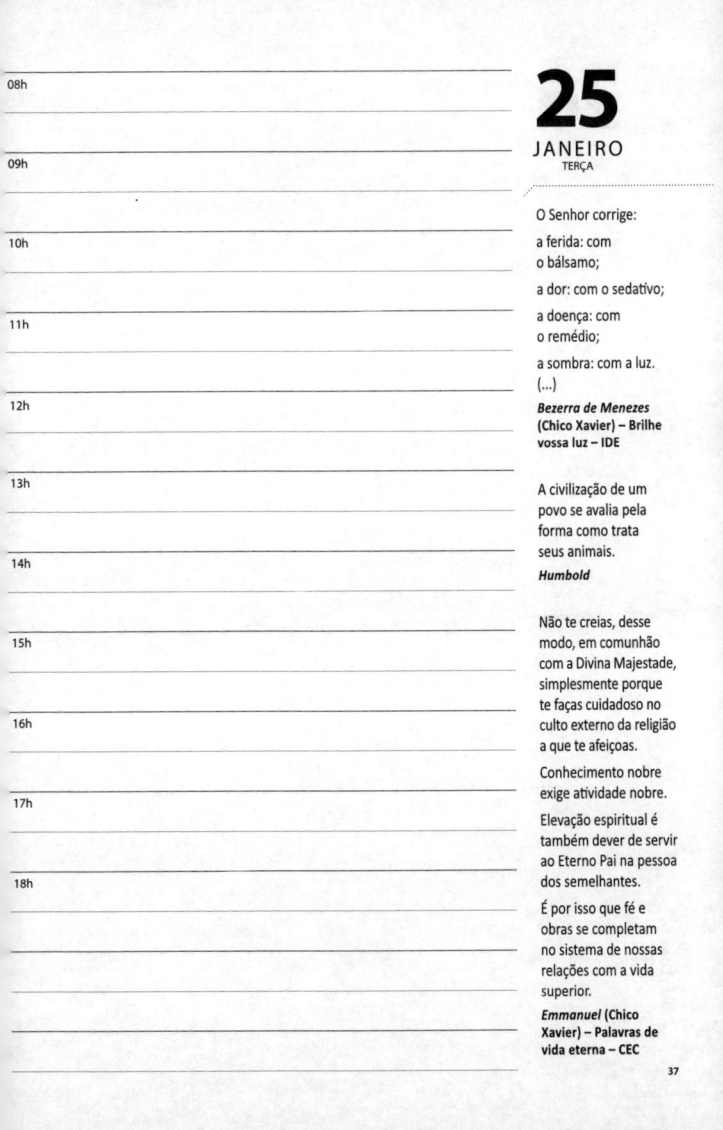

26
JANEIRO
QUARTA

08h

09h

10h

11h

12h

13h

14h

15h

16h

17h

18h

Todo Dia

27
JANEIRO
QUINTA

08h

09h

10h

11h

12h

13h

14h

15h

16h

17h

18h

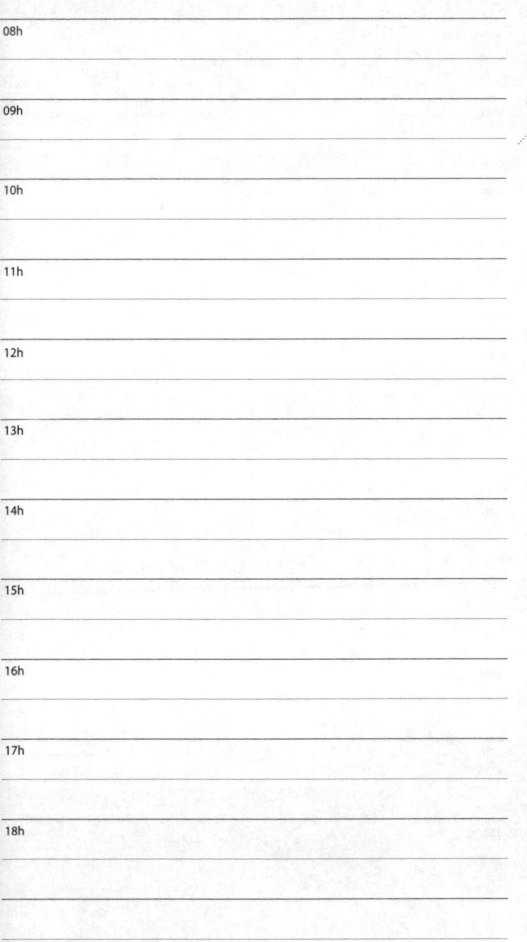

Lembre-se seu cérebro é apenas a caixa de ferramentas que seu espírito utiliza para movimentar-se na Terra. Aquilo que dizem ser mente é nosso espírito.

Se você não mudar, tudo será como antes. Só existe mudança quando queremos e nos esforçamos para vencer os velhos hábitos que estão enraizados em nossa mente espiritual. Nosso cérebro é bastante preguiçoso para mudar, ele precisa de estímulos e de determinação da sua vontade.
Rodrigues de Camargo

Um líder é um negociante de esperanças.
Napoleão Bonaparte

28
JANEIRO
SEXTA

Todo Dia

08h

09h

10h

11h

12h

13h

14h

15h

16h

17h

18h

08h	
09h	
10h	
11h	
12h	
13h	
14h	
15h	
16h	
17h	
18h	

29
JANEIRO
SÁBADO

Assim que, se alguém está em Cristo, nova criatura é; as coisas velhas já passaram; eis que tudo se fez novo.
Paulo
(II Coríntios, 5:17)

A vida sem religião é como um barco sem leme
Gandhi

08h	
09h	
10h	
11h	
12h	
13h	
14h	
15h	

30
JANEIRO
DOMINGO

Dia da não-violência

Os homens alcançam sucesso quando eles percebem que seus fracassos são uma preparação para suas vitórias.
Ralph Waldo Emerson

31
JANEIRO
SEGUNDA

Todo Dia

08h

09h

10h

11h

12h

13h

14h

15h

16h

17h

18h

O PRAZER E A SAÚDE NA ALIMENTAÇÃO

Deus que é sábio: em tudo que fez colocou a recompensa. E nós somos livres para escolher.

O nosso amigo Chico Xavier dizia que ele tinha descoberto a maneira de se sustentar e ser mais tranquilo: "Aprendi a viver só com o necessário".

O romancista espanhol Miguel de Cervantes, autor da obra-prima, *Dom Quixote*, dizia sabiamente: "Come pouco ao almoço e menos ainda ao jantar, que a saúde de todo o corpo se constrói na oficina do estômago".

Hoje a ciência psicológica descobriu que existe uma imensidão de compulsões e de transtornos físicos, emocionais e mentais.

Com a compulsão por alimentação, a melhor forma de controlar a obesidade e as calorias é o "evite" – por exemplo, manter distância de guloseimas, refrigerantes, churrascaria e rodízio de pizza.

Cuidemos bem do nosso corpo: alimentação controlada e diversificada, sono, exercícios e água, para uma vida saudável. Nosso corpo é nosso templo na Terra, devemos conceder ao corpo o que lhe é necessário, para que ele nos sustente e seja nosso servidor útil e para que, quando deixarmos a matéria pela libertação de nossa alma, possamos agradecê-lo pela contribuição à nossa evolução.

Quem se vicia de diversas formas, bem como pela alimentação, acaba por se tornar escravo do corpo físico, que o tiraniza pela compulsão de não ter controle.

Um corpo saudável precisa de uma mente que o alimente com ideias boas, nobres, espiritualizadas e com autocontrole. Por isso, busquemos motivação para nossa alma a cada dia. Viver é um exercício, e somos aquilo que queremos ser. Ao gostarmos de nós mesmos, e nos tratarmos bem, deixamos as portas abertas para que outras pessoas também gostem de nós.

Rodrigues de Camargo

FEVEREIRO

Anotações importantes

viagens | cursos | reuniões | aniversários | provas | trabalhos | contas

1.
2.
3.
4.
5.
6.
7.
8.
9.
10.
11.
12.
13.
14.
15.
16.
17.
18.
19.
20.
21.
22.
23.
24.
25.
26.
27.
28.

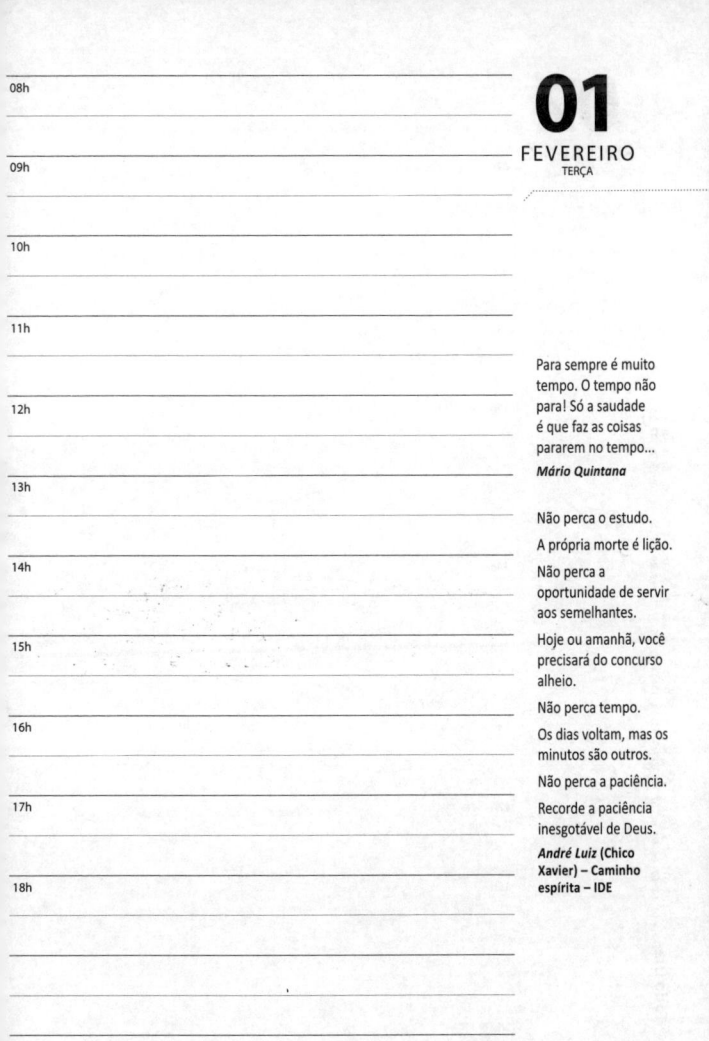

Hora	
08h	
09h	
10h	
11h	
12h	
13h	
14h	
15h	
16h	
17h	
18h	

01
FEVEREIRO
TERÇA

Para sempre é muito tempo. O tempo não para! Só a saudade é que faz as coisas pararem no tempo...
Mário Quintana

Não perca o estudo.

A própria morte é lição.

Não perca a oportunidade de servir aos semelhantes.

Hoje ou amanhã, você precisará do concurso alheio.

Não perca tempo.

Os dias voltam, mas os minutos são outros.

Não perca a paciência.

Recorde a paciência inesgotável de Deus.

***André Luiz* (Chico Xavier) – Caminho espírita – IDE**

02
FEVEREIRO
QUARTA

08h

09h

10h

11h

12h

13h

14h

15h

16h

17h

18h

Todo Dia

08h	
09h	
10h	
11h	
12h	
13h	
14h	
15h	
16h	
17h	
18h	

03
FEVEREIRO
QUINTA

O homem é assim o árbitro constante de sua própria sorte. Ele pode aliviar o seu suplício ou prolongá-lo indefinidamente. Sua felicidade ou sua desgraça dependem da sua vontade de fazer o bem.
Allan Kardec

Só há um caminho para a felicidade (que isso esteja presente no teu espírito desde a aurora, dia e noite): é renunciar às coisas que não dependem da nossa vontade.
Epicteto

É erro vulgar confundir o desejar com o querer. O desejo mede os obstáculos; a vontade vence-os.
Alexandre Herculano

04
FEVEREIRO
SEXTA

- 08h
- 09h
- 10h
- 11h
- 12h
- 13h
- 14h
- 15h
- 16h
- 17h
- 18h

Todo Dia

05 FEVEREIRO
SÁBADO

- 08h
- 09h
- 10h
- 11h
- 12h
- 13h
- 14h
- 15h
- 16h
- 17h
- 18h

Não perca o bom humor.

Em qualquer acesso de irritação, há sempre um suicidiozinho no campo de suas forças.

Não perca a tolerância.

É muita gente a tolerá-lo naquilo que você ainda tem de indesejável.

André Luiz (Chico Xavier) – Caminho espírita – IDE

06 FEVEREIRO
DOMINGO

- 08h
- 09h
- 10h
- 11h
- 12h
- 13h
- 14h
- 15h

O que for teu desejo, assim será tua vontade.
O que for tua vontade, assim serão teus atos.
O que forem teus atos, assim será teu destino.

Deepak Chopra

07
FEVEREIRO
SEGUNDA

08h

09h

10h

11h

12h

13h

14h

15h

16h

17h

18h

Todo Dia

08
FEVEREIRO
TERÇA

08h

09h

10h

11h

12h

13h

14h

15h

16h

17h

18h

É assim que o problema da tentação, antes que nascido de objetos ou paisagens exteriores, surge fundamentalmente de nós – na trama de sombra em que se nos enovelam os pensamentos...
Emmanuel (Chico Xavier) – Religião dos espíritos – FEB

Deus alimenta todos os pássaros, mas Ele não atira a comida dentro do ninho.
J. G. Holland

Não perca a esperança.
Há milhões de pessoas aguardando os recursos de que você já dispõe.
André Luiz (Chico Xavier) – Caminho espírita – IDE

09
FEVEREIRO
QUARTA

08h

09h

10h

11h

12h

13h

14h

15h

16h

17h

18h

Todo Dia

10
FEVEREIRO
QUINTA

8h

9h

10h

11h

12h

13h

14h

15h

16h

17h

18h

A irritação agrava a enfermidade, desequilibra a mente, afeta o espírito negativamente.

Nos momentos de contrariedade, entrega-te à prece e faz o melhor ao teu alcance.
Psicografia de *Clayton B. Levy*

Se quer ser amado, ame.
Sêneca

Somos todos visitantes deste tempo, deste lugar. Estamos só de passagem. O nosso objetivo é observar, crescer, amar. E depois vamos para casa.
Provérbio aborígene

11
FEVEREIRO
SEXTA

Dia mundial do enfermo

08h

09h

10h

11h

12h

13h

14h

15h

16h

17h

18h

Todo Dia

12 FEVEREIRO
SÁBADO

08h
09h
10h
11h
12h
13h
14h
15h
16h
17h
18h

Aprenda a obedecer no culto das próprias obrigações.

Se você não acredita na disciplina, observe um carro sem freio.

Estime a simplicidade.

André Luiz (Chico Xavier/Waldo Vieira) – O Espírito da Verdade – FEB

13 FEVEREIRO
DOMINGO

08h
09h
10h
11h
12h
13h
14h
15h

Não importa se a estação do ano muda... Se o século vira, se o milênio é outro. Se a idade aumenta... Conserva a vontade de viver, não se chega a parte alguma sem ela.

Fernando Pessoa

14
FEVEREIRO
SEGUNDA

Dia internacional da amizade

Todo Dia

T Q Q S S D S T Q Q S S D S T Q Q S S D S T Q Q S S D S
01 02 03 04 05 **06** 07 08 09 10 11 12 **13** 14 15 16 17 18 19 **20** 21 22 23 24 25 26 **27** 28

08h

09h

10h

11h

12h

13h

14h

15h

16h

17h

18h

15
FEVEREIRO
TERÇA

08h

09h

10h

11h

12h

13h

14h

15h

16h

17h

18h

Perdoe sem condições.

Irritar-se é o melhor processo de perder.

Use a gentileza, mas, de modo especial dentro da própria casa.

Experimente atender aos familiares como você trata as visitas.

André Luiz (Chico Xavier/Waldo Vieira) – O Espírito da Verdade – FEB

Persistir é a irmã gêmea da excelência. Uma é a mãe da qualidade, a outra é a mãe do tempo.

Marabel Morgan

O homem superior age antes de falar e depois fala de acordo com suas ações.

Confúcio

16
FEVEREIRO
QUARTA

08h

09h

10h

11h

12h

13h

14h

15h

16h

17h

18h

Todo Dia

17
FEVEREIRO
QUINTA

Renascer... eis a vida, o progresso incessante, o eterno evoluir, eis a lei do Criador! Eis do mestre Jesus, como luz rutilante o ensino imortal no evangelho do amor. Renascer... eis a lei imutável, constante, pela qual nosso eu no cadinho da dor, em sublime ascensão pela luz deslumbrante, subirá para Deus, nosso Pai e Senhor...
Chico Xavier

Aos companheiros de caminho, ofertarás algo de teu coração, qual se estivesses espontaneamente no dever de pagar a cada um diminuto pedágio de amor.
Meimei **(Chico Xavier)**

18
FEVEREIRO
SEXTA

08h

09h

10h

11h

12h

13h

14h

15h

16h

17h

18h

Todo Dia

19
FEVEREIRO
SÁBADO

Com a espiritualidade tenho aprendido muito sobre o relacionamento a dois. Emmanuel diz que os casamentos de amor jamais adoecem, e o médico espiritual André Luiz, em *Libertação*, ensinando sobre as provas aqui na Terra, afirma que fora do amor verdadeiro, toda união é temporária.
Rodrigues de Camargo

20
FEVEREIRO
DOMINGO

Dia Mundial da Justiça Social

Meu pai costumava me ensinar:

'Não eleve a sua voz.

Melhore seus argumentos'.
Desmond Tutu

21
FEVEREIRO
SEGUNDA

08h

09h

10h

11h

12h

13h

14h

15h

16h

17h

18h

Todo Dia

22
FEVEREIRO
TERÇA

Em favor de sua paz conserve fidelidade a si mesmo.

Lembre-se de que, no dia do Calvário, a massa aplaudia a causa triunfante dos crucificadores, mas o Cristo solitário e vencido era a causa de Deus.

André Luiz (Chico Xavier/Waldo Vieira) – O Espírito da Verdade – FEB

Ouvir fraternalmente as mágoas dos companheiros sem biografar nossas dores.

Buscar sem afetação o meio de ser mais útil.

Desculpar sem desculpar-se.

Não dizer mal de ninguém.

Scheilla (Chico Xavier)

23 FEVEREIRO
QUARTA

Todo Dia

08h

09h

10h

11h

12h

13h

14h

15h

16h

17h

18h

24 FEVEREIRO
QUINTA

08h

09h

10h

11h

12h

13h

14h

15h

16h

17h

18h

A quem eu fiz mal, peço perdão.

A quem eu ajudei, queria ter feito mais.

A quem me ajudou, agradeço de coração.

Chico Xavier

... Diz o mundo que a nobreza nasce de berço opulento, mas qualquer pessoa é nobre, conforme o procedimento.

Cornélio Pires **(Chico Xavier)**

Pensar o passado para compreender o presente e idealizar o futuro.

Heródoto

25
FEVEREIRO
SEXTA

08h

09h

10h

11h

12h

13h

14h

15h

16h

17h

18h

Todo Dia

08h	
09h	**26**
10h	FEVEREIRO
	SÁBADO
11h	
12h	
13h	
14h	
15h	Cremos desnecessária qualquer alusão ao imperativo dos pensamentos limpos. Quem busca uma casa especializada em abençoar, não pode hospedar ideias de ódio ou maldição.
16h	
17h	
18h	
	Cornélio (Chico Xavier) – Obreiros da vida eterna – FEB

08h	
09h	**27**
10h	FEVEREIRO
	DOMINGO
11h	
12h	
13h	Não é na novidade, mas no hábito que descobrimos os maiores prazeres.
14h	
15h	***Raymond Radiguet***

28
FEVEREIRO
SEGUNDA

08h

09h

10h

11h

12h

13h

14h

15h

16h

17h

18h

Todo Dia

GUARDEMOS SAÚDE MENTAL

> "Pensai nas coisas que são de cima, e não nas que são da Terra."
> **Paulo (Colossenses, 3:2)**

O cristianismo primitivo não desconhecia a necessidade da mente sã e iluminada de aspirações superiores, na vida daqueles que abraçam no Evangelho a renovação substancial.

O trabalho de notáveis pensadores de hoje encontra raízes mais longe.

Sabem agora, os que lidam com os fenômenos mediúnicos, que a morte da carne não impõe as delícias celestiais.

O homem encontra-se, além do túmulo, com as virtudes e defeitos, ideais e vícios a que se consagrava no corpo.

O criminoso imanta-se ao círculo dos próprios delitos, quando se não algema aos parceiros na falta cometida.

O avarento está preso aos bens supérfluos que abusivamente amontoou.

O vaidoso permanece ligado aos títulos transitórios.

O alcoólatra ronda as possibilidades de satisfazer a sede que lhe domina os centros de força.

Quem se apaixona pelas organizações caprichosas do "eu", gasta longos dias para desfazer as teias de ilusão em que se lhe segrega a personalidade.

O programa antecede o serviço.

O projeto traça a realização.

O pensamento é energia irradiante. Espraiemo-lo na Terra e prender-nos-emos, naturalmente, ao chão. Elevemo-lo para o Alto e conquistaremos a espiritualidade sublime.

Nosso espírito residirá onde projetarmos nossos pensamentos, alicerces vivos do bem e do mal. Por isto mesmo, dizia Paulo, sabiamente: – "Pensai nas coisas que são de cima."

Emmanuel **(Chico Xavier) – Pão nosso – FEB**

MARÇO

Anotações importantes

viagens | cursos | reuniões | aniversários | provas | trabalhos | contas

1 ___
2 ___
3 ___
4 ___
5 ___
6 ___
7 ___
8 ___
9 ___
10 ___
11 ___
12 ___
13 ___
14 ___
15 ___
16 ___
17 ___
18 ___
19 ___
20 ___
21 ___
22 ___
23 ___
24 ___
25 ___
26 ___
27 ___
28 ___
29 ___
30 ___
31 ___

08h	
09h	
10h	
11h	
12h	
13h	
14h	
15h	

01
MARÇO
TERÇA

Carnaval

Aprenda a deixar para trás tudo que não te leva para frente...

Na viagem da vida todo peso inútil atrasa a caminhada.

Amanda Santana

08h	
09h	
10h	
11h	
12h	
13h	
14h	
15h	
16h	
17h	
18h	

02
MARÇO
QUARTA

O espírita deve afastar-se de festas lamentáveis, como aquelas que assinalam a passagem do carnaval, inclusive as que se destaquem pelos excessos de gula, desregramento ou manifestações exteriores espetaculares.

A verdadeira alegria não foge da temperança.

***André Luiz* (Waldo Vieira) – Conduta espírita – FEB**

03
MARÇO
QUINTA

08h

09h

10h

11h

12h

13h

14h

15h

16h

17h

18h

Todo Dia

08h	
09h	
10h	
11h	
12h	
13h	
14h	
15h	
16h	
17h	
18h	

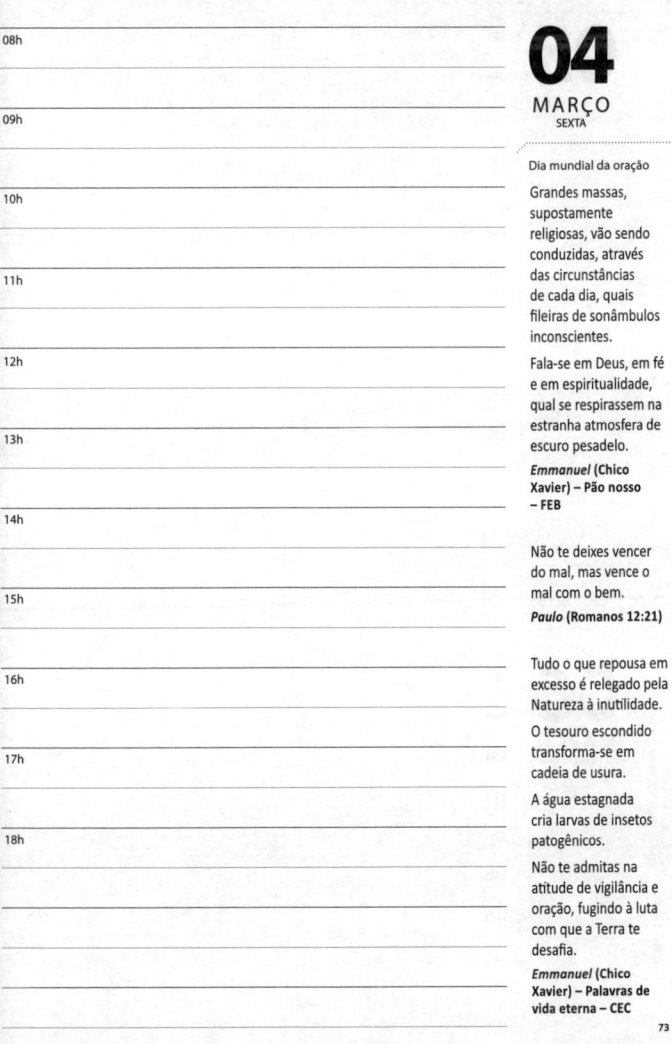

04
MARÇO
SEXTA

Dia mundial da oração

Grandes massas, supostamente religiosas, vão sendo conduzidas, através das circunstâncias de cada dia, quais fileiras de sonâmbulos inconscientes.

Fala-se em Deus, em fé e em espiritualidade, qual se respirassem na estranha atmosfera de escuro pesadelo.

***Emmanuel* (Chico Xavier) – Pão nosso – FEB**

Não te deixes vencer do mal, mas vence o mal com o bem.

***Paulo* (Romanos 12:21)**

Tudo o que repousa em excesso é relegado pela Natureza à inutilidade.

O tesouro escondido transforma-se em cadeia de usura.

A água estagnada cria larvas de insetos patogênicos.

Não te admitas na atitude de vigilância e oração, fugindo à luta com que a Terra te desafia.

***Emmanuel* (Chico Xavier) – Palavras de vida eterna – CEC**

05
MARÇO
SÁBADO

- 08h
- 09h
- 10h
- 11h
- 12h
- 13h
- 14h
- 15h
- 16h
- 17h
- 18h

06
MARÇO
DOMINGO

- 08h
- 09h
- 10h
- 11h
- 12h
- 13h
- 14h
- 15h

Todo Dia

07
MARÇO
SEGUNDA

08h
09h
10h
11h
12h
13h
14h
15h
16h
17h
18h

Nos ambientes mais rigoristas em matéria de fé religiosa, quais o do judaísmo, antes do Mestre, a mulher não passava de mercadoria condenada ao cativeiro.

Vultos eminentes, quais Davi e Salomão, não conseguiram fugir aos abusos de sua época, nesse particular.

O Evangelho, porém, inaugura nova era para as esperanças femininas.

Emmanuel (Chico Xavier) – Pão nosso – FEB

Se o momento é de crise, não te perturbes, segue...

Serve e ora, esperando que suceda o melhor.

Queixas, gritos e mágoas são golpes em ti mesmo. Silencia e abençoa, a verdade tem voz.

Chico Xavier

08
MARÇO
TERÇA

Dia internacional da mulher

Todo Dia

08h

09h

10h

11h

12h

13h

14h

15h

16h

17h

18h

09
MARÇO
QUARTA

08h

09h

10h

11h

12h

13h

14h

15h

16h

17h

18h

A tarefa da mulher é sempre a missão do amor, estendendo-se ao infinito. Tal tarefa pode ser executada no ninho doméstico, entre as paredes do lar, na empresa, na universidade, no envolvimento das ciências ou das artes.

Onde quer que se encontre a mulher, ali se deverá encontrar o amor, um raio de luz, uma pétala de flor, um aconchego, um verso, uma canção.

Todo homem e toda mulher nascem no mundo para tarefas santificantes, segundo a Divina Lei.
Momento Espírita – **FEP**

Quem não sabe aceitar as pequenas falhas das mulheres não aproveitará suas grandes virtudes.
Khalil Gibran

10
MARÇO
QUINTA

Dia do sogro

08h

09h

10h

11h

12h

13h

14h

15h

16h

17h

18h

Todo Dia

Hora	
08h	
09h	
10h	
11h	
12h	
13h	
14h	
15h	
16h	
17h	
18h	

11
MARÇO
SEXTA

Digo, porém, aos solteiros e às viúvas, que lhes é bom se ficarem como eu.

Mas, se não podem conter-se, casem-se. Porque é melhor casar do que abrasar-se.

Paulo (1 Coríntios 7:8-9)

Que a família comece e termine sabendo onde vai

E que o homem carregue nos ombros a graça de um pai

Que a mulher seja um céu de ternura, aconchego e calor

E que os filhos conheçam a força que brota do amor!

Abençoa, Senhor, as famílias! Amém! Abençoa, Senhor, a minha também.

Padre Zezinho

12
MARÇO
SÁBADO

- 08h
- 09h
- 10h
- 11h
- 12h
- 13h
- 14h
- 15h
- 16h
- 17h
- 18h

13
MARÇO
DOMINGO

- 08h
- 09h
- 10h
- 11h
- 12h
- 13h
- 14h
- 15h

Todo Dia

08h	
09h	
10h	
11h	
12h	
13h	
14h	
15h	
16h	
17h	
18h	

14
MARÇO
SEGUNDA

Dia do vendedor de livro
Dia nacional da poesia
Dia nacional dos animais

Mostrei minha obra-prima às pessoas grandes e perguntei se o meu desenho lhes dava medo.

Responderam-me: "Por que um chapéu daria medo?"

Meu desenho não representava um chapéu. Representava uma jiboia digerindo um elefante.

Desenhei então o interior da jiboia, a fim de que as pessoas grandes pudessem entender melhor. Elas têm sempre necessidade de explicações detalhadas.
Antoine de Saint-Exupér

Cresci no meio de livros, fazendo amigos invisíveis em páginas que se desfaziam em pó cujo cheiro ainda conservo nas mãos.
Carlos Ruiz Zafón

15
MARÇO
TERÇA

Dia da escola

Todo Dia

08h

09h

10h

11h

12h

13h

14h

15h

16h

17h

18h

16
MARÇO
QUARTA

08h

09h

10h

11h

12h

13h

14h

15h

16h

17h

18h

Os pais são educadores responsáveis e, por isso mesmo, a primeira escola de cada criatura é o lar em que nasceu.

Os dirigentes espíritas do santuário doméstico são convocados a grandes deveres junto aos filhos que recebem, de vez que são detentores de mais amplos conhecimentos de sublimação espiritual, diante das leis divinas.

Chico Xavier

Se a gente quiser modificar alguma coisa, é pelas crianças que devemos começar.

Devemos respeitar e educar nossas crianças para que o futuro das nações e do planeta seja digno.

Ayrton Senna

17
MARÇO
QUINTA

08h

09h

10h

11h

12h

13h

14h

15h

16h

17h

18h

Todo Dia

18
MARÇO
SEXTA

08h

09h

10h

11h

12h

13h

14h

15h

16h

17h

18h

Se a criança não receber a devida atenção, em geral, quando adulta, tem dificuldade de amar seus semelhantes.
Dalai Lama

Quem sabe melhora a vida: / Aprender é iluminar.

O mundo é bendita escola: / Vamos todos estudar.

Meimei (Chico Xavier) – Cartilha do bem – FEB

Eu encontrei um dia na escola um menino de tamanho médio maltratando um menino menor. Eu o repreendi, mas respondeu: 'os grandes me bateram, assim como eu bati nos menores; para mim isso é justo'.

Nestas palavras ele resumiu a história da raça humana.
Bertrand Russell

19
MARÇO
SÁBADO

08h
09h
10h
11h
12h
13h
14h
15h
16h
17h
18h

20
MARÇO
DOMINGO

Início do outono

08h
09h
10h
11h
12h
13h
14h
15h

Todo Dia

8h	
9h	
0h	
1h	
2h	
3h	
4h	
5h	
6h	
7h	
8h	

21
MARÇO
SEGUNDA

Dia mundial da Síndrome de Down

Não intentes contra os abençoados aguilhões de nosso Eterno Pai! O espinho fere, enquanto o fogo o não consome; e a pedra mostra resistência, enquanto o fio d'água a não desgasta.

Matilde/André Luiz (Chico Xavier) – Libertação – FEB

Abres ao olhar deslumbrados de teu filho, os tesouros da escola. E essas outras crianças suspiram debalde pela luz do alfabeto, acabando, muita vez, encerradas no cubículo das prisões, à face da ignorância que lhes cega a existência.

Emmanuel (Chico Xavier) – Religião dos espíritos – FEB

22
MARÇO
TERÇA

Dia mundial da água

08h

09h

10h

11h

12h

13h

14h

15h

16h

17h

18h

Todo Dia

23
MARÇO
QUARTA

Existem muitas maravilhas no mundo porque a criação de Deus é perfeita. Entretanto, diante de minha vida e da bênção do corpo que recebi eu penso que ver, falar, ouvir, provar, sentir, rir, tocar, conhecer e amar são sublimes ofertas desse sábio Autor da vida.

Eu me alegro e agradeço quando sinto o frescor do vento, o sopro da vida na água e o calor do sol amadurecendo os frutos.

Rodrigues de Camargo

Os pais somente podem dar bons conselhos e indicar bons caminhos, mas a formação final do caráter de uma pessoa está em suas próprias mãos.

Anne Frank

24
MARÇO
QUINTA

08h

09h

10h

11h

12h

13h

14h

15h

16h

17h

18h

Todo Dia

25
MARÇO
SEXTA

Dia da Constituição

08h

09h

10h

11h

12h

13h

14h

15h

16h

17h

18h

Na atualidade terrestre, o homem se previne contra a carência de valores alimentícios, estocando gêneros de primeira utilidade; defende as estradas, afastando o risco de acidentes ou promove a vacinação, frustrando o surto de epidemias.

Pensando nisso, entendamos o imperativo de exercitarmos fortaleza e compreensão, paciência e solidariedade, porque, de modo geral, em todas as existências do mundo, surge o dia em que a crise acontece.

Emmanuel **(Chico Xavier) – Paciência – CEU**

26
MARÇO
SÁBADO

- 08h
- 09h
- 10h
- 11h
- 12h
- 13h
- 14h
- 15h
- 16h
- 17h
- 18h

27
MARÇO
DOMINGO

- 08h
- 09h
- 10h
- 11h
- 12h
- 13h
- 14h
- 15h

Todo Dia

28
MARÇO
SEGUNDA

8h

9h

10h

11h

12h

13h

14h

15h

16h

17h

18h

(...) somos herdeiros e depositários da fé que precisa expressar-se no bem geral.

Caridade, entendimento, solidariedade, amparo, sacrifício constituem frutos que nos compete espalhar onde estivermos.
Bezerra de Menezes (Chico Xavier) – Bezerra, Chico e você – GEEM

A felicidade não está em fazer o que a gente quer e sim em querer o que a gente faz.
Jean Paul Sartre

A questão mais aflitiva para o espírito no Além é a consciência do tempo perdido.
Chico Xavier

29
MARÇO
TERÇA

Todo Dia

08h

09h

10h

11h

12h

13h

14h

15h

16h

17h

18h

30
MARÇO
QUARTA

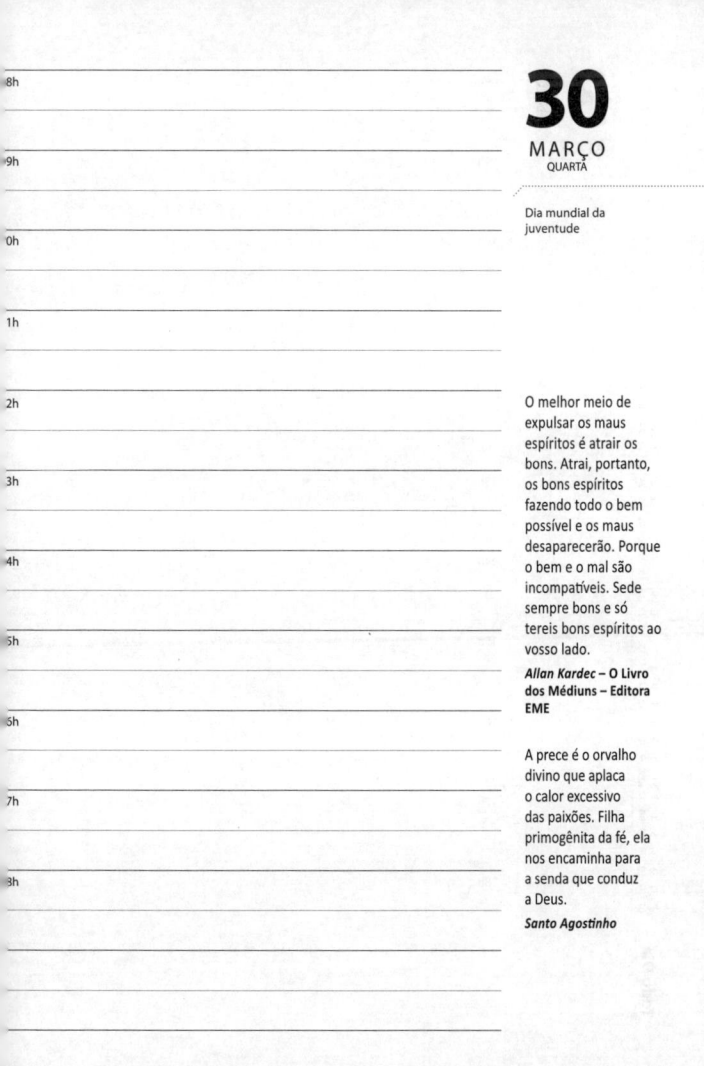

Dia mundial da juventude

O melhor meio de expulsar os maus espíritos é atrair os bons. Atrai, portanto, os bons espíritos fazendo todo o bem possível e os maus desaparecerão. Porque o bem e o mal são incompatíveis. Sede sempre bons e só tereis bons espíritos ao vosso lado.
Allan Kardec – **O Livro dos Médiuns – Editora EME**

A prece é o orvalho divino que aplaca o calor excessivo das paixões. Filha primogênita da fé, ela nos encaminha para a senda que conduz a Deus.
Santo Agostinho

31
MARÇO
QUINTA

08h

09h

10h

11h

12h

13h

14h

15h

16h

17h

18h

Todo Dia

CHICO XAVIER E OS PADRES

Chico Xavier nasceu em 02/04/1910 em Pedro Leopoldo e desencarnou em 30/06/2002 na cidade de Uberaba, também no Estado de Minas Gerais, vivendo uma existência simples, porém iluminada, principalmente para nós que apreciamos as belezas de seus ensinamentos, nas páginas psicografadas (escritas por homens "mortos" – espíritos).

Sua produção literária será estudada no futuro nas escolas e universidades e apreciadas pelas demais religiões.

Seu primeiro livro de poemas – *Parnaso de além-túmulo* – foi muito bem aceito pela Academia Brasileira de Letras, por vários de seus imortais. Inclusive neste livro encontramos dois poetas capivarianos (Rodrigues de Abreu e AA – Amadeu Amaral) entre brasileiros e portugueses que ditaram seus poemas pelas mãos do médium mineiro.

O jovem poeta, Rodrigues de Abreu, que desencarnou em 1927, com apenas 30 anos, vítima da tuberculose, era muito espiritualizado e aceitando a imortalidade da alma, no seu livro *Casa Destelhada*, compara a casa ao corpo, e a alma ao inquilino da moradia. E em seu livro *Noturnos* afirma "E há tantas vidas como a meia-noite".

Quando católico, Chico participava das celebrações na igreja e, inclusive, conversava com seu padre sobre as visões e conversas que tinha com as almas dos mortos, recebendo carinho e aconselhamento espiritual.

Depois que aceitou o espiritismo, foi visitado por diversos padres e madres católicos.

Chico Xavier foi um devoto de Maria de Nazaré e mesmo depois que se converteu ao espiritismo manteve sua admiração pela alma da mãe de Jesus. Tanto que em suas orações pediu uma mensagem a Maria através do seu protetor Emmanuel (ex-padre Manoel da Nóbrega). E um dia o seu guia trouxe o recado de Maria, que Chico anotou carinhosamente: "Isso também passa". Ponto final.

Nos momentos de lutas e dificuldades, confie em Deus, porque isso também passará.

NOTAS ESPIRITUAIS

E como espírita e médium praticante recebeu muitas mensagens dos espíritos daqueles que foram padres e outras autoridades da Igreja. Uma dessas passagens lindas, de muito conteúdo vibracional, é a do *Pai Nosso*, do espírito Monsenhor José Silvério Horta, que se encontra no livro citado.

"Pai Nosso, que estás nos Céus
Na luz dos sóis infinitos,
Pai de todos os aflitos
Deste mundo de escarcéus.

Santificado, Senhor,
Seja o Teu nome sublime,
Que em todo o Universo exprime
Concórdia, ternura e amor.

Venha ao nosso coração,
O teu reino de bondade,
De paz e de claridade
Na estrada da redenção.

Cumpra-se o teu mandamento
Que não vacila e nem erra.
Nos Céus, como em toda a Terra
De luta e de sofrimento.

Evita-nos todo o mal,
Dá-nos o pão no caminho,
Feito de luz, no carinho
Do pão espiritual.

Perdoa-nos, meu Senhor,
Os débitos tenebrosos,
De passados escabrosos,
De iniquidade e de dor.

Auxilia-nos também,
Nos sentimentos cristãos,
A amar nossos irmãos
Que vivem longe do bem.

Com a proteção de Jesus
Livra a nossa alma do erro,
Sobre o mundo de desterro,
Distante da vossa luz.

Que a nossa ideal igreja,
Seja o altar da caridade,
Onde se faça a vontade
Do vosso amor ... Assim seja."

Rodrigues de Camargo

SINAIS DE ALARME

Há dez sinais vermelhos, no caminho da experiência, indicando queda provável em obsessão:

– quando entramos na faixa da impaciência;

– quando acreditamos que a nossa dor é a maior;

– quando passamos a ver ingratidão nos amigos;

– quando imaginamos maldade nas atitudes dos companheiros;

– quando comentamos o lado menos feliz desta ou daquela pessoa;

– quando reclamamos apreço e reconhecimento;

– quando supomos que o nosso trabalho está sendo excessivo;

– quando passamos o dia a exigir esforço, sem prestar o mais leve serviço;

– quando pretendemos fugir de nós mesmos, através da gota de álcool ou da pitada de entorpecente;

– quando julgamos que o dever é apenas dos outros.

Toda vez que um desses sinais venha a surgir no trânsito das nossas ideias, a Lei Divina está presente, recomendando-nos a prudência de parar no socorro da prece ou na luz do discernimento.

Scheilla **(Chico Xavier) – Ideal espírita – CEC**

ABRIL

Anotações importantes

viagens | cursos | reuniões | aniversários | provas | trabalhos | contas

1 ___
2 ___
3 ___
4 ___
5 ___
6 ___
7 ___
8 ___
9 ___
10 ___
11 ___
12 ___
13 ___
14 ___
15 ___
16 ___
17 ___
18 ___
19 ___
20 ___
21 ___
22 ___
23 ___
24 ___
25 ___
26 ___
27 ___
28 ___
29 ___
30 ___

08h	
09h	
10h	
11h	
12h	
13h	
14h	
15h	
16h	
17h	
18h	

01
ABRIL
SEXTA

O que é o inimigo?
Eu mesmo. Minha ignorância, meu apego, meus ódios!
Aí está realmente o inimigo.
Chico Xavier

É mais fácil enganar pessoas do que convencê-las de que foram enganadas.
Mark Twain

Aprendi no berço com minha mãe, que não há homem meio honesto e meio desonesto. Ou são inteiramente honestos ou não o são.
Jânio Quadros

02
ABRIL
SÁBADO

Comemoração dos 112 anos de nascimento de Francisco Cândido Xavier.

Dia Mundial da Conscientização do Autismo

08h
09h
10h
11h
12h
13h
14h
15h
16h
17h
18h

03
ABRIL
DOMINGO

08h
09h
10h
11h
12h
13h
14h
15h

Todo Dia

08h

09h

10h

11h

12h

13h

14h

15h

16h

17h

18h

04
ABRIL
SEGUNDA

Resposta de Chico Xavier a uma pessoa que, ao observar os necessitados tomando sopa, lhe perguntou:

– O senhor acha que um prato de sopa vai resolver o problema da fome no mundo?

Chico, sem titubear disse:

– O banho também não resolve o problema da higiene no mundo, mas nem por isso podemos dispensá-lo.
Adelino da Silveira

Todos os espíritos estão destinados à perfeição, e Deus lhes fornece as maneiras de alcançá-la por meio da reencarnação.
***Emmanuel* (Chico Xavier)**

O pensamento edificante e bom é também uma oração sem palavras, que se faz sempre ouvida.
***Joanna de Ângelis* (Divaldo P. Franco)**

05
ABRIL
TERÇA

08h

09h

10h

11h

12h

13h

14h

15h

16h

17h

18h

Todo Dia

06 ABRIL
QUARTA

08h

09h

10h

11h

12h

13h

14h

15h

16h

17h

18h

Duas asas conduzirão o espírito humano à presença de Deus: Uma chama-se amor, a outra sabedoria.
***Emmanuel* (Chico Xavier)**

O estudo mais necessário para nós, é nós mesmos.
Léon Denis

É muito bom poder ter certeza de que a vida continua após a morte, de que os que partiram deste mundo estão vivendo em outras dimensões do Universo, com os mesmos sentimentos que tinham aqui, interessando-se em nos proteger, ajudar e provar que eles estão mais vivos do que nunca.
Zíbia Gasparetto

07
ABRIL
QUINTA

Dia mundial da saúde

Todo Dia

08h

09h

10h

11h

12h

13h

14h

15h

16h

17h

18h

08h	**08**
09h	ABRIL
	SEXTA
10h	

Dia mundial do combate ao câncer

11h	Não perca seu tempo se defendendo nem tentando provar nada a ninguém. Sua consciência é seu mestre e seu guia. Só Deus sabe de suas intenções, de sua bondade e de seus defeitos. O que importa de verdade é o que você pensa e sabe de si mesmo.
12h	
13h	
14h	*Chico Xavier*

15h — Uma existência é um ato.

Um corpo – uma veste.

Um século – um dia.

16h — Um serviço – uma experiência.

Um triunfo – uma aquisição.

17h — Uma morte – um sopro renovador.

André Luiz (Chico Xavier) – Nosso Lar – FEB

18h

A tua felicidade não pode depender do que não depende de ti.
Huberto Rohden

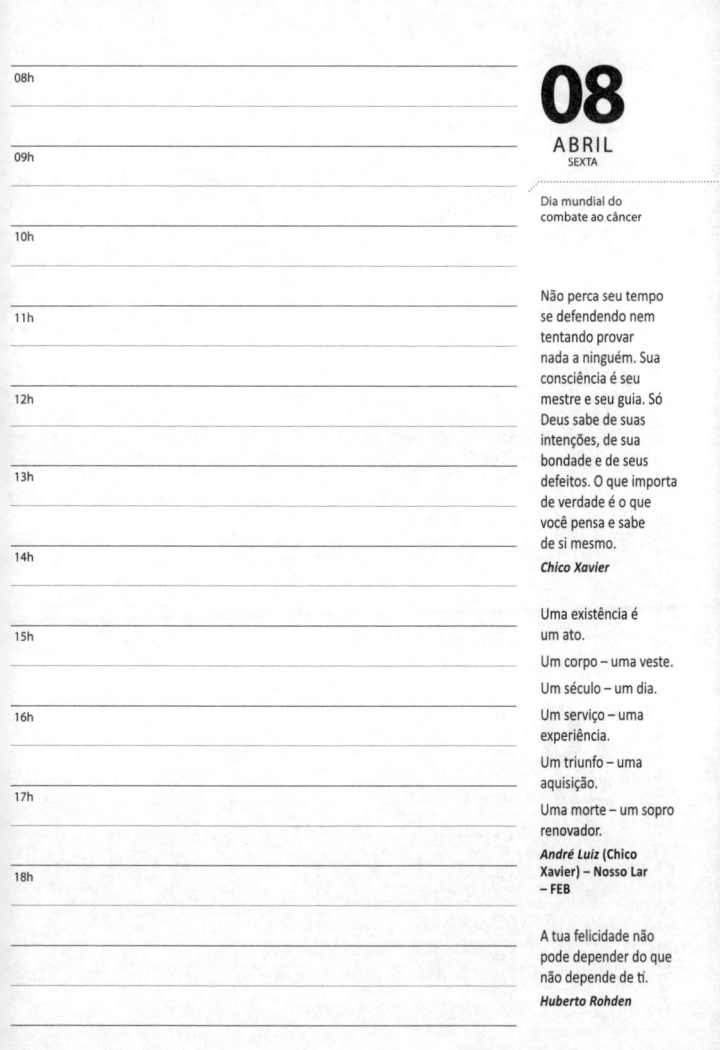

09
ABRIL
SÁBADO

08h
09h
10h
11h
12h
13h
14h
15h
16h
17h
18h

10
ABRIL
DOMINGO

08h
09h
10h
11h
12h
13h
14h
15h

Todo Dia

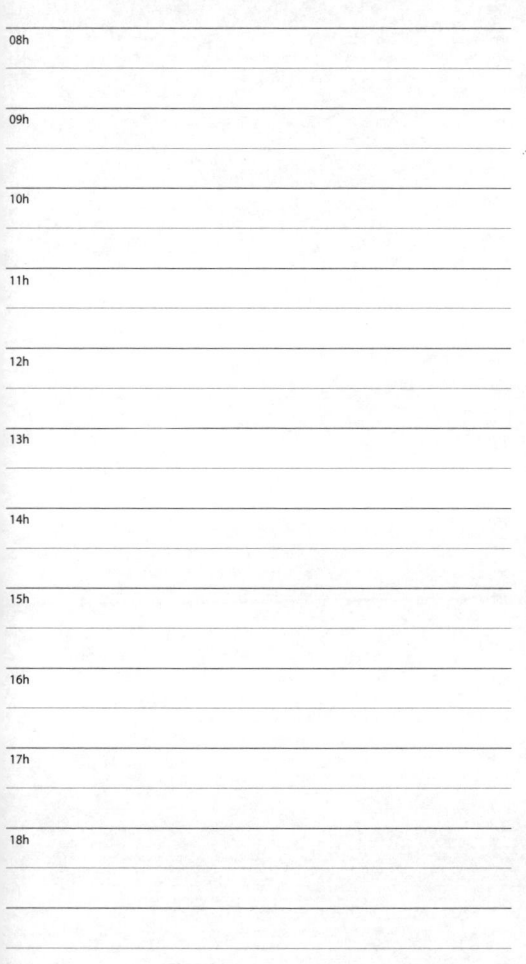

11 ABRIL
SEGUNDA

08h

09h

10h

11h

12h

13h

14h

15h

16h

17h

18h

Felizes são aqueles que, por onde passam, deixam sementes de amor, de bondade, de afeto.
Divaldo P. Franco

Pregai o Evangelho por onde fores; se necessário, usai palavras.
São Francisco de Assis

Esperemos, confiantes, a alvorada luminosa que se aproxima, porque, depois das grandes sombras e das grandes dores que envolveram a face da Terra, o Evangelho há de criar, no mundo inteiro, a verdadeira cristandade.
Emmanuel (Chico Xavier) – (Livro) Emmanuel – FEB

12
ABRIL
TERÇA

08h

09h

10h

11h

12h

13h

14h

15h

16h

17h

18h

Todo Dia

13 ABRIL
QUARTA

Dia dos jovens

[...] diante do irmão caído no mal, compadece-te dele e ensina o bem, mesmo que o mal ainda te ensombre.

A compaixão mostra o caminho da caridade e, sem caridade uns para com os outros, não há segurança para ninguém.

Emmanuel (Chico Xavier) – Justiça Divina – FEB

A oração: "O lar não é somente a moradia dos corpos, mas, acima de tudo, a residência das almas. O santuário doméstico que encontre criaturas amantes da oração e dos sentimentos elevados, converte-se em campo sublime das mais belas florações e colheitas espirituais".

André Luiz / Alexandre (Chico Xavier) – Missionários da luz – FEB

08h

09h

10h

11h

12h

13h

14h

15h

16h

17h

18h

14
ABRIL
QUINTA

08h
09h
10h
11h
12h
13h
14h
15h
16h
17h
18h

15
ABRIL
SEXTA

Sexta-feira Santa

08h
09h
10h
11h
12h
13h
14h
15h

Todo Dia

08h	
09h	
10h	
11h	
12h	
13h	
14h	
15h	
16h	
17h	
18h	

16
ABRIL
SÁBADO

Que importa crer na existência dos espíritos, se essa crença não faz que aquele que a tem se torne melhor, mais benigno e indulgente para com os seus semelhantes, mais humilde e paciente na adversidade.

Mensagem de Allan Kardec, O Livro dos Médiuns, cap. XXIX, item 350

08h	
09h	
10h	
11h	
12h	
13h	
14h	
15h	

17
ABRIL
DOMINGO

Páscoa

Não somos seres humanos vivendo uma experiência espiritual, somos seres espirituais vivendo uma experiência humana.

Wayne W. Dyer

18
ABRIL
SEGUNDA

Dia do livro espírita e nacional do livro infantil

Todo Dia

08h

09h

10h

11h

12h

13h

14h

15h

16h

17h

18h

08h

09h

10h

11h

12h

13h

14h

15h

16h

17h

18h

19
ABRIL
TERÇA

ANTE O MUNDO MELHOR

O trabalho será sempre o prodígio do Universo – a força que o entretém, a luz que o eleva.

No trabalho é que surpreendemos todas as oportunidades de progresso e melhoria a que nos endereçamos.

Damos e recebemos. Isso é tão natural quanto plantar e colher. Por isso mesmo, seja qual seja a condição em que nos achemos, o trabalho é caminho para a ascensão à felicidade justa.

Batuíra (Chico Xavier)

Conheça todas as teorias, domine todas as técnicas, mas ao tocar uma alma humana, seja apenas outra alma humana.

Carl Gustav Jung

20
ABRIL
QUARTA

08h
09h
10h
11h
12h
13h
14h
15h
16h
17h
18h

21
ABRIL
QUINTA

Tiradentes

08h
09h
10h
11h
12h
13h
14h
15h

Todo Dia

08h	
09h	
10h	
11h	
12h	
13h	
14h	
15h	
16h	
17h	
18h	

22
ABRIL
SEXTA

Descobrimento do Brasil
Dia Mundial da Terra

Contempla o mundo ao qual voltaste, através da reencarnação, para resgatar o passado e construir o futuro.

Sol que brilha, nuvem que passa, vento que ondula, terra expectante, árvore erguida, fonte que corre, fruto que alimenta e flor que perfuma utilizam a riqueza das horas para servir.

Aproveita, igualmente, os minutos, para fazeres o melhor.

Emmanuel (Chico Xavier) – Justiça divina – FEB

Não sobrecarregues os teus dias com preocupações desnecessárias, a fim de que não percas a oportunidade de viver com alegria.

André Luiz (Chico Xavier)

23
ABRIL
SÁBADO

Dia mundial do livro

- 08h
- 09h
- 10h
- 11h
- 12h
- 13h
- 14h
- 15h
- 16h
- 17h
- 18h

24
ABRIL
DOMINGO

- 08h
- 09h
- 10h
- 11h
- 12h
- 13h
- 14h
- 15h

Todo Dia

25
ABRIL
SEGUNDA

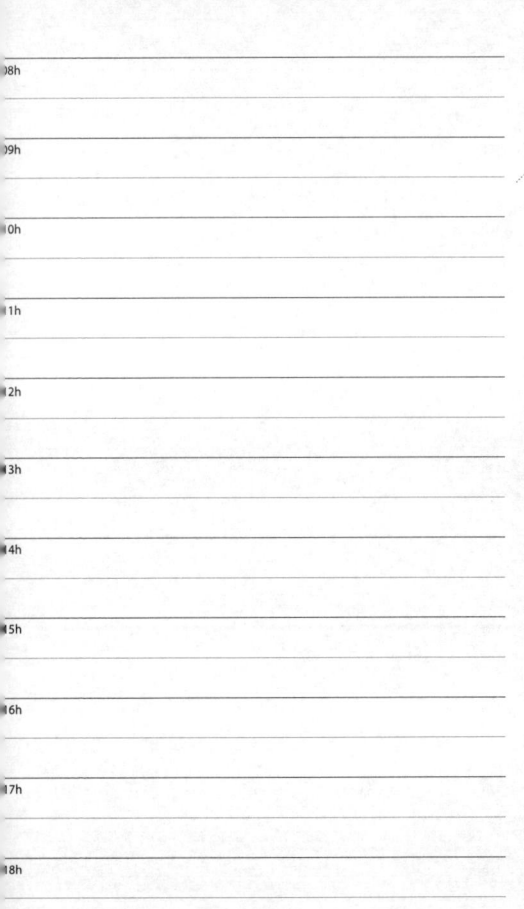

Haja mais amor nos corações para que o rio das dádivas transite no santuário sem prejuízo ao bem coletivo.

Até mesmo para receber a felicidade é preciso preparação. Sem vaso adequado os bens do Alto se contaminam com as perturbações do campo inferior, qual acontece à gota diamantina que se converte em lama quando cai na poeira da Terra.

André Luiz (Chico Xavier) – **Excursão de paz – CEU**

A verdadeira felicidade é impossível sem verdadeira saúde, e a verdadeira saúde é impossível sem um rigoroso controle da gula.

Mahatma Gandhi

26
ABRIL
TERÇA

08h

09h

10h

11h

12h

13h

14h

15h

16h

17h

18h

Todo Dia

27
ABRIL
QUARTA

08h

09h

10h

11h

12h

13h

14h

15h

16h

17h

18h

Todo efeito tem uma causa. Todo efeito inteligente tem uma causa inteligente. O poder da causa inteligente está na razão da grandeza do efeito.
Allan Kardec

Sogro e sogra, cunhados e tutores consanguíneos são também sócios comanditários, cobrando os juros do capital afetivo que emprestaram, e os filhos vão aparecendo na feição de interessados no ajuste, reclamando cotas de sacrifício.
André Luiz (Waldo Vieira) – Sol nas almas – FEB

Devemos ser a mudança que queremos ver no mundo.
Mahatma Gandhi

28
ABRIL
QUINTA

Dia internacional da educação
Dia da sogra

Todo Dia

08h

09h

10h

11h

12h

13h

14h

15h

16h

17h

18h

8h	
9h	
10h	
11h	
12h	
13h	
14h	
15h	
16h	
17h	
18h	

29
ABRIL
SEXTA

Hoje, sabe a física que a luz é uma forma de energia e que todas as coisas criadas são composições energéticas, vibrando em ondas características. Disse o Cristo: "Brilhe vossa luz".

Emmanuel (Chico Xavier) – Religião dos espíritos – FEB

8h	
9h	
10h	
11h	
12h	
13h	
14h	
15h	

30
ABRIL
SÁBADO

Os maus são intrigantes e audaciosos, os bons são tímidos. Quando estes o quiserem, preponderarão.

Allan Kardec – L.E. (Q 932)

NOTAS ESPIRITUAIS

PRECE

Estendei vossa mão bondosa e pura,
Mãe querida dos fracos pecadores,
Aos corações dos pobres sofredores,
Mergulhados nos prantos da amargura.

Derramai vossa luz, toda esplendores,
Da imensidade, da radiosa altura,
Da região ditosa da ventura,
Sobre a sombra dos cárceres das dores!

Ó mãe! Excelsa mãe de anjos celestes,
Mais amor, desse amor que já nos destes,
Queremos nós em cada novo dia.

Vós que mudais em flores os espinhos,
Transformai toda a treva dos caminhos,
Em clarões refulgentes de alegria.

Auta de Souza (Chico Xavier) – À luz da oração – O Clarim

TERNURA

Mãezinha querida.

Lembro-me de ti quando acordei para recordar.

Debruçada no meu berço, cantavas baixinho e derramavas no meu rosto pequeninas gotas de luz, que mais tarde, vim a saber serem lágrimas.

Conchegaste-me no colo, como se me transportasses a brandos ninhos, desde então nunca mais me deixaste.

Quando os outros iam à festa, velavas comigo, ensinando-me a pronunciar o bendito nome de Deus... Noutras ocasiões, trabalhavas de agulhas nos dedos, contando histórias de bondade e alegria para que eu dormisse sonhando...

Se eu fugia, quebrando o pente, ou se voltava da escola com a roupa em frangalhos, enquanto muita gente falava em castigos, afagavas minhas mãos entre as tuas ou beijavas os meus cabelos em desalinho.

Depois cresci, vendo-te ao meu lado, à feição de um anjo entre quatro paredes... Cresci para o mundo, mas nunca deixei de ser, em teus braços, a criança pela qual entregaste a vida.

E, até agora, dia a dia, esperas, paciente e doce, o momento em que me volto para teus olhos, sorrindo pra mim e abençoando-me sempre, ainda mesmo quando os meus problemas te retalhem o peito por lâminas de aflição!...

Hoje ouvi a música dos milhões de vozes que te engrandecem...

Quis apanhar as constelações do Céu e misturá-las ao perfume das flores que desabrocham no chão, para tecer-te uma coroa de reconhecimento e carinho, mas, como não pudesse, venho trazer-te as pétalas de amor que colhi em minh'alma.

Recebe-as, mãezinha!... Não são pérolas, nem brilhantes da Terra... São as lágrimas de ternura que Deus me deu para que te oferte o meu coração, transformado num poema de estrelas.

Meimei (Chico Xavier/Waldo Vieira) – O Espírito da Verdade – FEB

MAIO

Anotações importantes

viagens | cursos | reuniões | aniversários | provas | trabalhos | contas

1
2
3
4
5
6
7
8
9
10
11
12
13
14
15
16
17
18
19
20
21
22
23
24
25
26
27
28
29
30
31

01
MAIO
DOMINGO

Dia do Trabalho

A maioria dos que oferecem dádivas materiais não procede assim, ante as casas da fé, por amor à obra divina, mas com o propósito deliberado de comprar o favor do céu, eximindo-se ao trabalho de autoaperfeiçoamento.
Emmanuel (Chico Xavier) – Pão nosso – FEB

02
MAIO
SEGUNDA

Aqueles que têm um grande autocontrole, ou que estão totalmente absortos no trabalho, falam pouco. Palavra e ação juntas não andam bem. Repare na natureza: trabalha continuamente, mas em silêncio.
Mahatma Gandhi

03
MAIO
TERÇA

08h

09h

10h

11h

12h

13h

14h

15h

16h

17h

18h

Todo Dia

04
MAIO
QUARTA

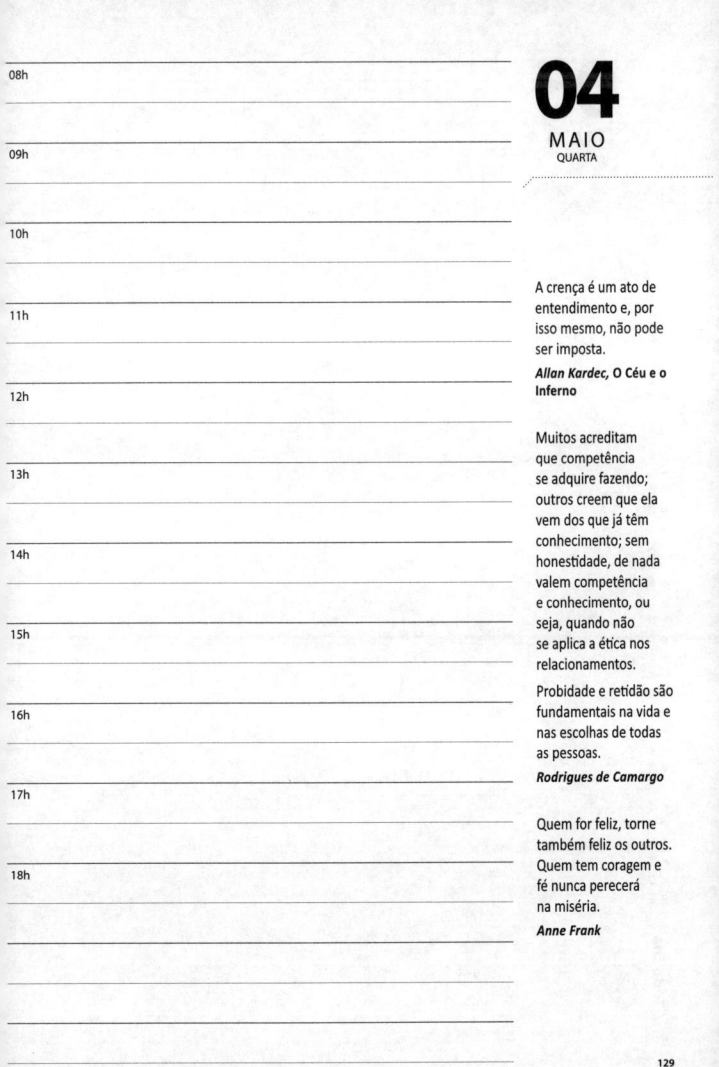

08h	
09h	
10h	
11h	
12h	
13h	
14h	
15h	
16h	
17h	
18h	

A crença é um ato de entendimento e, por isso mesmo, não pode ser imposta.
Allan Kardec, O Céu e o Inferno

Muitos acreditam que competência se adquire fazendo; outros creem que ela vem dos que já têm conhecimento; sem honestidade, de nada valem competência e conhecimento, ou seja, quando não se aplica a ética nos relacionamentos.

Probidade e retidão são fundamentais na vida e nas escolhas de todas as pessoas.
Rodrigues de Camargo

Quem for feliz, torne também feliz os outros. Quem tem coragem e fé nunca perecerá na miséria.
Anne Frank

05
MAIO
QUINTA

08h

09h

10h

11h

12h

13h

14h

15h

16h

17h

18h

Todo Dia

06
MAIO
SEXTA

08h

09h

10h

11h

12h

13h

14h

15h

16h

17h

18h

Honrar o pai e a mãe não é somente respeitá-los, mas também assisti-los nas suas necessidades; proporcionar-lhes o repouso na velhice; cercá-los de solicitude, como eles fizeram por nós na infância.
Allan Kardec

A verdadeira religião do mundo vem das mulheres muito mais que dos homens, das mães acima de tudo, que carregam a chave de nossas almas em seus seios.
Oliver Wendell Holmes

Mãe... São três letras apenas, as desse nome bendito: também o Céu tem três letras... E nelas cabe o infinito.
Mário Quintana

07
MAIO
SÁBADO

08h	
09h	
10h	
11h	
12h	
13h	
14h	
15h	
16h	
17h	
18h	

08
MAIO
DOMINGO

Dia das mães
Dia do artista plástico

08h	
09h	
10h	
11h	
12h	
13h	
14h	
15h	

Todo Dia

09
MAIO
SEGUNDA

08h

09h

10h

11h

12h

13h

14h

15h

16h

17h

18h

ADOÇÃO – ATO DE AMOR

... adoção é apenas uma forma de se tornar pai e/ou mãe e ela é irrevogável, isto é, para sempre. Significa que, após finalizado o seu processo de adoção, você tem um "filho" e não um "filho adotado"; a única diferença entre ele e o filho biológico é a forma como você o "teve".

Letícia R. Camargo – Jornal O Correio de Capivari

O amor de mãe por seu filho é diferente de qualquer outra coisa no mundo. Ele não obedece lei ou piedade, ele ousa todas as coisas e extermina sem remorso tudo o que ficar em seu caminho.

Agatha Christie

10 MAIO TERÇA

Todo Dia

- 08h
- 09h
- 10h
- 11h
- 12h
- 13h
- 14h
- 15h
- 16h
- 17h
- 18h

11
MAIO
QUARTA

08h

09h

10h

11h

12h

13h

14h

15h

16h

17h

18h

Jamais gaste seu tempo dando explicações...

1 – Seus amigos não precisam.

2 – Os inimigos não acreditam.

3 – Os estúpidos não entendem.

Mário Sérgio Cortella

Minha religião não me ensina a ser melhor que os outros.

Minha religião me ensina a ser melhor para os outros.

Chico Xavier

Cumprir a vida é tocar em frente a cada dia que amanhece com coragem e determinação.

E, assim, vamos compondo nossa história nas páginas em branco que a vida nos dá a cada novo dia.

Rita Duller **(Viajores do tempo)**

12
MAIO
QUINTA

08h

09h

10h

11h

12h

13h

14h

15h

16h

17h

18h

Todo Dia

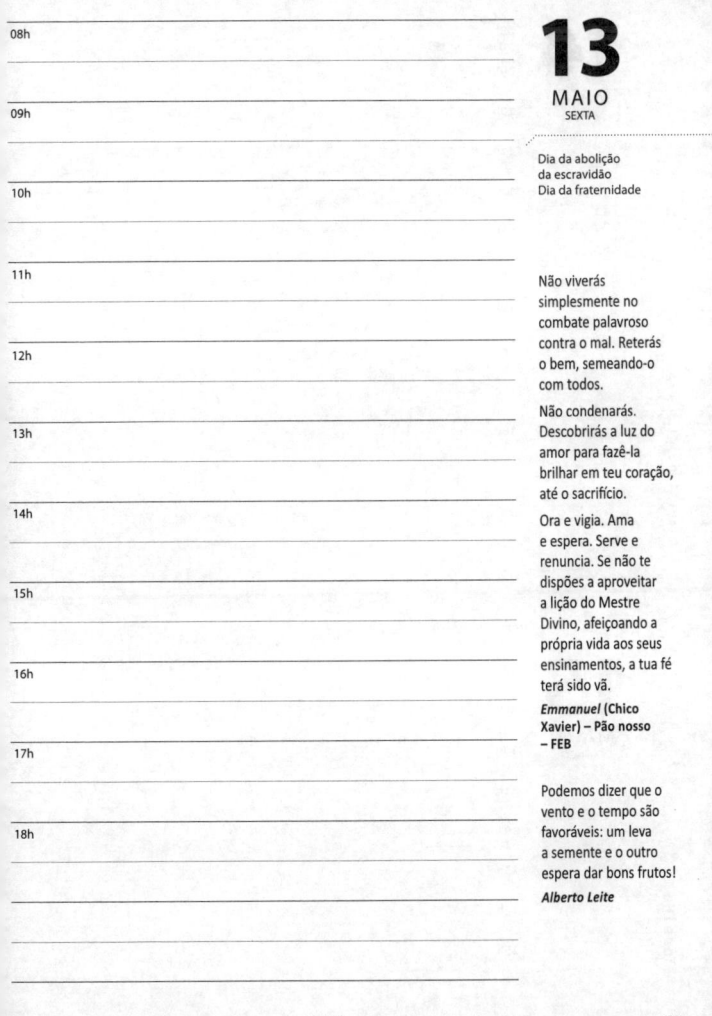

08h	**13**
	MAIO
09h	SEXTA
	Dia da abolição da escravidão
10h	Dia da fraternidade

11h

Não viverás simplesmente no combate palavroso contra o mal. Reterás o bem, semeando-o com todos.

12h

Não condenarás. Descobrirás a luz do amor para fazê-la brilhar em teu coração, até o sacrifício.

13h

Ora e vigia. Ama e espera. Serve e renuncia. Se não te dispões a aproveitar a lição do Mestre Divino, afeiçoando a própria vida aos seus ensinamentos, a tua fé terá sido vã.

14h

15h

16h

Emmanuel (Chico Xavier) – Pão nosso – FEB

17h

Podemos dizer que o vento e o tempo são favoráveis: um leva a semente e o outro espera dar bons frutos!

18h

Alberto Leite

14
MAIO
SÁBADO

- 08h
- 09h
- 10h
- 11h
- 12h
- 13h
- 14h
- 15h
- 16h
- 17h
- 18h

15
MAIO
DOMINGO

Dia internacional da família

- 08h
- 09h
- 10h
- 11h
- 12h
- 13h
- 14h
- 15h

Todo Dia

16
MAIO
SEGUNDA

08h

09h

10h

11h

12h

13h

14h

15h

16h

17h

18h

Indiscutivelmente, não podes sanar as dificuldades totais da família em que nasceste, todavia, ninguém está interditado, no sentido de ajudar a um parente menos feliz ou cooperar na tranquilidade que se deve manter em casa.
***Emmanuel* (Chico Xavier) – Palavras de vida eterna – CEC**

Dar nos libera do território familiar de nossas próprias necessidades, abrindo nossa mente para os mundos inexplicáveis ocupados pelas necessidades dos outros.
Barbara Bush

Uma ofensa silenciada, uma agressão desculpada, um golpe desviado, evitam conflitos que ardem em chamas de ódio.
***Joanna de Ângelis* (Divaldo P. Franco)**

17
MAIO
TERÇA

08h

09h

10h

11h

12h

13h

14h

15h

16h

17h

18h

Todo Dia

08h	
09h	**18**
	MAIO
	QUARTA
10h	

11h

Doenças – Problemas que carregamos conosco, criados por vícios de outras épocas ou abusos de agora, que a Lei nos impõe em favor de nosso equilíbrio.

12h

13h

Decepções – Cortes necessários em nossas fantasias, provocados por nossos excessos, aos quais ninguém pode fugir.

14h

André Luiz (Waldo Vieira/ Chico Xavier) – Estude e viva – FEB

15h

16h

Mas agora despojai--vos também de todas estas coisas: da ira, da cólera, da malícia, da maledicência, das palavras torpes de vossa boca.

17h

***Paulo* (Colossenses, 3:8)**

18h

...eu sou o dono do meu destino, eu sou o capitão da minha alma.

William Ernst Henley

19
MAIO
QUINTA

Todo Dia

08h

09h

10h

11h

12h

13h

14h

15h

16h

17h

18h

20
MAIO
SEXTA

Dia do pedagogo

08h
09h
10h
11h
12h
13h
14h
15h
16h
17h
18h

A maioria não pretende ouvir o Senhor e, sim, falar ao Senhor, qual se Jesus desempenhasse simples função de pajem subordinado aos caprichos de cada um. São alunos que procuram subverter a ordem escolar.

Pronunciam longas orações, gritam protestos, alinhavam promessas que não podem cumprir.
Emmanuel (Chico Xavier) – *Vinha de luz* – FEB

O uso de álcool por adolescentes está fortemente associado ao baixo rendimento escolar, dificuldade de aprendizado, prejuízo no desenvolvimento e estruturação das habilidades cognitivo-comportamentais e emocionais do jovem e algumas vezes à morte violenta.
Rodrigues de Camargo

21
MAIO
SÁBADO

- 08h
- 09h
- 10h
- 11h
- 12h
- 13h
- 14h
- 15h
- 16h
- 17h
- 18h

22
MAIO
DOMINGO

Dia do abraço

- 08h
- 09h
- 10h
- 11h
- 12h
- 13h
- 14h
- 15h

Todo Dia

23
MAIO
SEGUNDA

08h

09h

10h

11h

12h

13h

14h

15h

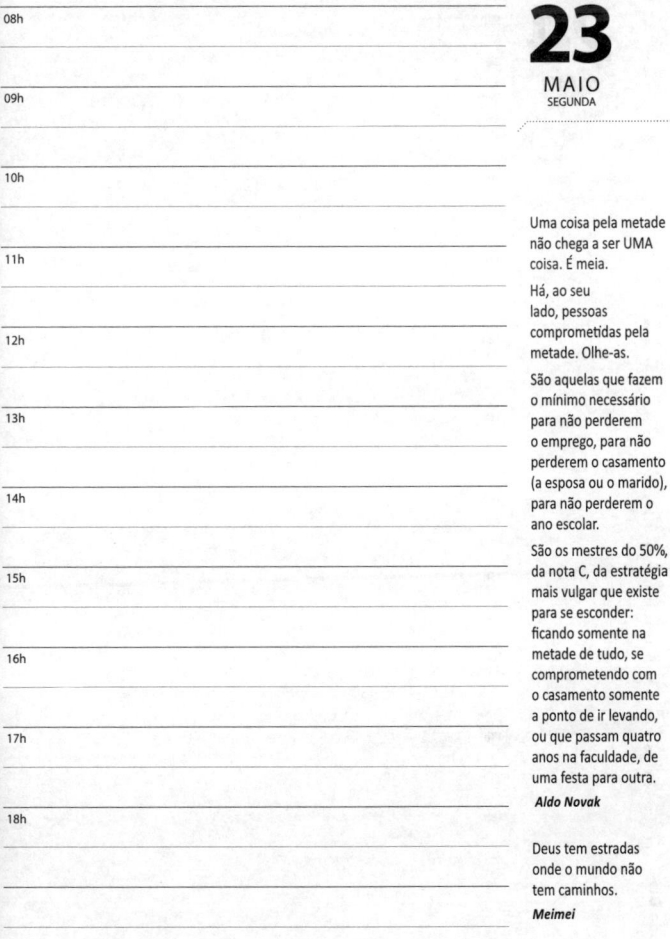

16h

17h

18h

Uma coisa pela metade não chega a ser UMA coisa. É meia.

Há, ao seu lado, pessoas comprometidas pela metade. Olhe-as.

São aquelas que fazem o mínimo necessário para não perderem o emprego, para não perderem o casamento (a esposa ou o marido), para não perderem o ano escolar.

São os mestres do 50%, da nota C, da estratégia mais vulgar que existe para se esconder: ficando somente na metade de tudo, se comprometendo com o casamento somente a ponto de ir levando, ou que passam quatro anos na faculdade, de uma festa para outra.

Aldo Novak

Deus tem estradas onde o mundo não tem caminhos.

Meimei

24
MAIO
TERÇA

08h

09h

10h

11h

12h

13h

14h

15h

16h

17h

18h

Todo Dia

08h	
09h	**25**
	MAIO
	QUARTA
10h	
11h	
	Somos todos na Terra criaturas em crescimento espiritual, dentro da perenidade da vida.
12h	
	De quantas experiências precisou o homem para alcançar determinadas realizações do progresso exterior?
13h	
14h	
	Quantas esperanças frustradas e quantas existências desfeitas para que a indústria seja hoje o grande facilitário do trabalho, para que a mente humana aprenda a raciocinar?
15h	
16h	
17h	***Emmanuel*** (Chico Xavier) – Inspiração – GEEM
	A crença é um ato de entendimento e, por isso mesmo, não pode ser imposta.
18h	
	Allan Kardec – O Céu e o Inferno

26
MAIO
QUINTA

Todo Dia

08h

09h

10h

11h

12h

13h

14h

15h

16h

17h

18h

08h

09h

10h

11h

12h

13h

14h

15h

16h

17h

18h

27
MAIO
SEXTA

Dia do serviço de saúde

A cura nunca é total. É preciso manter a abstinência total (incluindo álcool e cigarro) para pacientes que tentam se livrar das drogas. O cérebro nunca esquece a sensação provocada pela droga, o que estimula a recorrência.
Eduardo Kalina
(Psiquiatra argentino)

O que é o inimigo?
Eu mesmo. Minha ignorância, meu apego, meus ódios!
Aí está realmente o inimigo.
Chico Xavier

O pensamento edificante e bom é também uma oração sem palavras, que se faz sempre ouvida.
Joanna de Ângelis
(Divaldo P. Franco)

28
MAIO
SÁBADO

Dia nacional de luta pela redução da mortalidade materna

- 08h
- 09h
- 10h
- 11h
- 12h
- 13h
- 14h
- 15h
- 16h
- 17h
- 18h

29
MAIO
DOMINGO

- 08h
- 09h
- 10h
- 11h
- 12h
- 13h
- 14h
- 15h

Todo Dia

30
MAIO
SEGUNDA

8h

9h

10h

11h

12h

13h

14h

15h

16h

17h

18h

Você sabia? Pílula anticoncepcional e cigarro definitivamente não combinam.

O anticoncepcional deixa o sangue mais viscoso, mais pegajoso. Já o cigarro obstrui as paredes do vaso, aumentando muito o risco de trombose e embolia pulmonar.

Prevenção é o melhor remédio

O homem comum fala, o sábio escuta, o tolo discute.

O silêncio é de ouro e muitas vezes é resposta.

Sabedoria oriental

O homem que não sabe dominar os seus instintos, é sempre escravo daqueles que se propõem satisfazê-los.

Gustave Le Bon

31
MAIO
TERÇA

Dia mundial de luta contra o tabaco
Dia mundial das comunicações sociais

Todo Dia

D	S	T	Q	Q	S	S
01	02	03	04	05	06	07
08	09	10	11	12	13	14
15	16	17	18	19	20	21
22	23	24	25	26	27	28
29	30	31				

08h

09h

10h

11h

12h

13h

14h

15h

16h

17h

18h

DOIS HOMENS E UM CAMELO

Dois homens percorriam o deserto.

Eles puxavam um camelo que levava nas costas vários tipos de mercadorias.

Em determinado ponto, depois de enfrentarem as areias escaldantes por muitas horas, finalmente encontraram um oásis.

O mais velho diz:

– Filho, vamos descansar aqui. Podemos dormir durante essa noite. Vou me deitar agora. Amarre o camelo bem firme e, depois, pode dormir também.

– Sim, mestre – respondeu o outro.

O jovem olhou para o camelo e, depois, para o céu estrelado.

De forma muito contrita fez uma prece:

"Senhor meu Deus, estou muito cansado agora para amarrar o camelo. Por favor, tome conta dele. Obrigado, meu Deus. Confio em vossas mãos o nosso camelo."

Em seguida, foi deitar-se sob uma palmeira e adormeceu tranquilo.

A manhã surgiu com pássaros a cantar e raios quentes de sol.

De repente, alguns gritos cortaram a paz daquele dia que nascia.

– O camelo fugiu! O camelo fugiu! – berrava o mestre.

– Você não o amarrou?

O rapaz acordou assustado e olhando para o velho disse:

– Mestre, durante vários anos aprendi com o senhor a confiar em Deus. Ontem à noite, eu pedi a Ele que tomasse conta do camelo. Mas Ele não tomou...

O velho e sábio mestre, então, disse:

– As mãos de Deus na Terra são as suas. Confie em Deus, mas sempre amarre seu camelo...

Creia! Confie! Mas faça a sua parte!!!

Autor não identificado

NOTAS ESPIRITUAIS

SER E APARENTAR SER, O QUE VALE PARA DEUS

Muitos acham que o que vale para Deus é o que temos, como a posição social, o rótulo de uma religião, o título acadêmico, os recursos financeiros, o poder administrativo ou político, as posses materiais, entre outros recursos.

Entretanto, os bons espíritos nos afirmam que vale mais o que somos, que o verdadeiro homem de bem e que se aproxima do Poder Superior é aquele que pratica a lei de justiça, de amor e fraternidade em sua maior santidade: exercitando a bondade, sendo caridoso, laborioso, sóbrio, modesto e virtuoso.

O ser humilde que gravita em torno da Divina Sabedoria muitas vezes é desconhecido pelo mundo, porém, reconhecido por Deus através das práticas de suas virtudes.

Sócrates, quando encarcerado, afirmou diante da condenação que lhe era imposta que mais vale receber que cometer uma injustiça, e que, antes de mais nada, é preciso aplicar-se não em parecer um homem de bem, mas em sê-lo.

Estamos distantes da perfeição, ainda, mas para alcançar essa meta é necessário continuar e não desistir, portanto, uma escolha e uma atitude positiva, por pequena que seja, pode não resolver todos os nossos problemas, mas agregará valor aos nossos esforços no trajeto da superação.

Você já ouviu que Jesus venceu no deserto e Adão fracassou no paraíso. Não é o lugar e sim as escolhas e as decisões que nos edificam.

O crescimento e/ou a espiritualização é individual, portanto a estrada é sua, e somente você poderá trilhá-la. Muitos podem e vão andar ao seu lado, mas ninguém pode andar por você.

Aqui algumas coisas que ninguém tira de você: sua capacidade de decisão, sua fé, sua serenidade, sua esperança e sua vida.

As escolhas são suas e você pode colocar a sua felicidade no melhor lugar, no seu íntimo, que é sua essência. Confie que, se há paz em seu interior, haverá luz em seu caminho.

Com a proposta de sermos melhores a cada dia, podemos ir nos transformando naquilo que pensamos; apoiados na fé no Criador, as coisas vão se encaminhando. Não precisamos nos precipitar ou apressar o tempo, cada coisa vem em sua estação; o segredo é cultivar a serenidade, acalmando o coração e o espírito.

Convenhamos que leves serão nossos passos, se doces forem nossos pensamentos sintonizados no amor de Deus.

Rodrigues de Camargo

JUNHO

Anotações importantes

viagens | cursos | reuniões | aniversários | provas | trabalhos | contas

1
2
3
4
5
6
7
8
9
10
11
12
13
14
15
16
17
18
19
20
21
22
23
24
25
26
27
28
29
30

01
JUNHO
QUARTA

Semana do meio ambiente

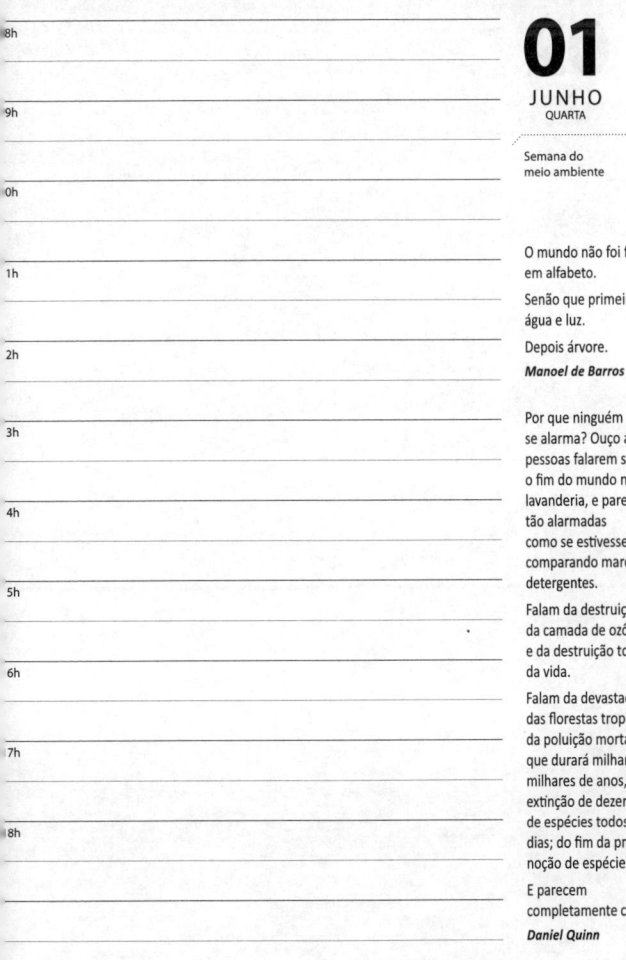

O mundo não foi feito em alfabeto.

Senão que primeiro em água e luz.

Depois árvore.

Manoel de Barros

Por que ninguém se alarma? Ouço as pessoas falarem sobre o fim do mundo na lavanderia, e parecem tão alarmadas como se estivessem comparando marcas de detergentes.

Falam da destruição da camada de ozônio e da destruição total da vida.

Falam da devastação das florestas tropicais, da poluição mortal que durará milhares e milhares de anos, da extinção de dezenas de espécies todos os dias; do fim da própria noção de espécie.

E parecem completamente calmas.

Daniel Quinn

02
JUNHO
QUINTA

Todo Dia

08h

09h

10h

11h

12h

13h

14h

15h

16h

17h

18h

03
JUNHO
SEXTA

Qual ocorre ao Sol, que não precisa descer ao campo para atender ao talo de erva que lhe roga calor, de vez que lhe basta, para isso, a mobilização dos próprios raios, Deus conta com milhões de mensageiros que lhe executam os Excelsos Desígnios.
Emmanuel (Chico Xavier)

Chega-te aos bons, serás um deles, chega-te aos maus, serás pior do que eles.
Sabedoria popular

Tudo aquilo que sou, ou pretendo ser, devo a um anjo: minha mãe.
Abraham Lincoln

04
JUNHO
SÁBADO

- 08h
- 09h
- 10h
- 11h
- 12h
- 13h
- 14h
- 15h
- 16h
- 17h
- 18h

05
JUNHO
DOMINGO

Dia da ecologia e mundial do meio ambiente

- 08h
- 09h
- 10h
- 11h
- 12h
- 13h
- 14h
- 15h

Todo Dia

06
JUNHO
SEGUNDA

08h

09h

10h

11h

12h

13h

14h

15h

16h

17h

18h

Quando os homens as tomarem (Amar o próximo como a si mesmo; fazer aos outros o que nós queríamos que os outros nos fizessem) como regra de sua conduta e como base de suas instituições, compreenderão a verdadeira fraternidade, e farão reinar entre si a paz e a justiça.

Não mais haverá ódios nem dissensões, mas união, concórdia e benevolência mútua.

Allan Kardec – O Evangelho segundo o Espiritismo – Editora EME

Bem-aventurado o homem que sofre a tentação; porque, quando for provado, receberá a coroa da vida, a qual o Senhor tem prometido aos que O amam.

Tiago 1:12

07
JUNHO
TERÇA

08h

09h

10h

11h

12h

13h

14h

15h

16h

17h

18h

Todo Dia

08
JUNHO
QUARTA

A negatividade nunca é o melhor caminho para lidar com qualquer situação. Na verdade, na maior parte dos casos, ela nos paralisa, bloqueando qualquer mudança verdadeira.
Eckhart Tolle

O que somos expressa mais do que falamos.

A melhor maneira de pregar o Evangelho é vivê-lo.

Uma rosa não necessita fazer pregações:

Espalha o seu perfume e esta é a sua pregação.

Façam com que a sua vida nos fale como a rosa...

Até o cego que não vê a rosa é atraído por ela.
Gandhi

Junto do próprio coração, surpreenderás os que parecem residir em regiões morais diferentes. Entes amados desertam da estrada justa, amigos queridos abraçam perigosas experiências.
Emmanuel (Chico Xavier) – Palavras de vida eterna – CEC

Hora	
08h	
09h	
10h	
11h	
12h	
13h	
14h	
15h	
16h	
17h	
18h	

09
JUNHO
QUINTA

08h

09h

10h

11h

12h

13h

14h

15h

16h

17h

18h

Todo Dia

10 JUNHO
SEXTA

Com que direito se exigirá de seus semelhantes melhores procedimentos, indulgência, benevolência e devotamento, se, por sua vez, não se agir assim para com eles? A prática dessas máximas leva à destruição do egoísmo.

Allan Kardec – **O Evangelho segundo o Espiritismo – Editora EME**

O Mestre Divino, certo, quis patentear-nos que o amor não vai sem a verdade e que a verdade, para ser defendida, precisará de resistência, ainda mesmo que essa resistência reserve para si mesma apenas o clima de sarcasmo e a morte na cruz.

Irmão X (Chico Xavier) – **Relatos da vida (Editora EME/CEU)**

11
JUNHO
SÁBADO

- 08h
- 09h
- 10h
- 11h
- 12h
- 13h
- 14h
- 15h
- 16h
- 17h
- 18h

12
JUNHO
DOMINGO

Dia dos namorados

- 08h
- 09h
- 10h
- 11h
- 12h
- 13h
- 14h
- 15h

Todo Dia

13
JUNHO
SEGUNDA

08h

09h

10h

11h

12h

13h

14h

15h

16h

17h

18h

O Dia dos Namorados para mim é todo dia. Não tenho dias marcados para te amar noite e dia.
Carlos Drummond de Andrade

Amar o próximo como a si mesmo; fazer aos outros o que nós queríamos que os outros nos fizessem é a expressão mais completa da caridade, pois resume todos os deveres para com o próximo.
Allan Kardec – **O Evangelho segundo o Espiritismo – Editora EME**

Em problemas de espírito, nem sempre avançam na dianteira os que se vinculam à eminência no mundo.
Irmão X **(Chico Xavier) – Relatos da vida (Editora EME/CEU)**

14
JUNHO
TERÇA

Dia universal de Deus
Dia mundial do doador de sangue

Todo Dia

08h

09h

10h

11h

12h

13h

14h

15h

16h

17h

18h

08h	**15**
	JUNHO
09h	QUARTA
10h	
11h	O amor só é lindo, quando encontramos alguém que nos transforme no melhor que podemos ser.
12h	***Mário Quintana***
13h	Marujo domina o mar Remando contra a maré.
14h	Sem sofrimento na vida, Ninguém sabe se tem fé.
15h	***Teotônio Freire* (Chico Xavier) – Orvalho de luz – CEU**
16h	Por mais se apressem socorristas da Terra e do Plano Espiritual em teu favor, pouco poderão fazer, se devoras as próprias energias, vítima imprevidente do suicídio indireto.
17h	
18h	***Emmanuel* (Chico Xavier)**

16
JUNHO
QUINTA

Corpus Christi

- 08h
- 09h
- 10h
- 11h
- 12h
- 13h
- 14h
- 15h

17
JUNHO
SEXTA

- 08h
- 09h
- 10h
- 11h
- 12h
- 13h
- 14h
- 15h
- 16h
- 17h
- 18h

Todo Dia

08h	
09h	
10h	
11h	
12h	
13h	
14h	
15h	
16h	
17h	
18h	

18
JUNHO
SÁBADO

Disse-lhe Jesus: Eu sou a ressurreição e a vida. Aquele que crê em mim ainda que morto viverá. E todo aquele que vive e crê em mim, jamais morrerá...
João 11:25-26

Ao que se conhece, todo tratamento para a supressão da ansiedade está baseado ou complementado pelo serviço em favor de alguma causa nobre ou em auxílio de alguém.
André Luiz (Chico Xavier)

08h	
09h	
10h	
11h	
12h	
13h	
14h	
15h	

19
JUNHO
DOMINGO

Aquele que aceitou o seu testemunho, esse confirmou que Deus é verdadeiro.
João 3:33

20
JUNHO
SEGUNDA

Todo Dia

08h

09h

10h

11h

12h

13h

14h

15h

16h

17h

18h

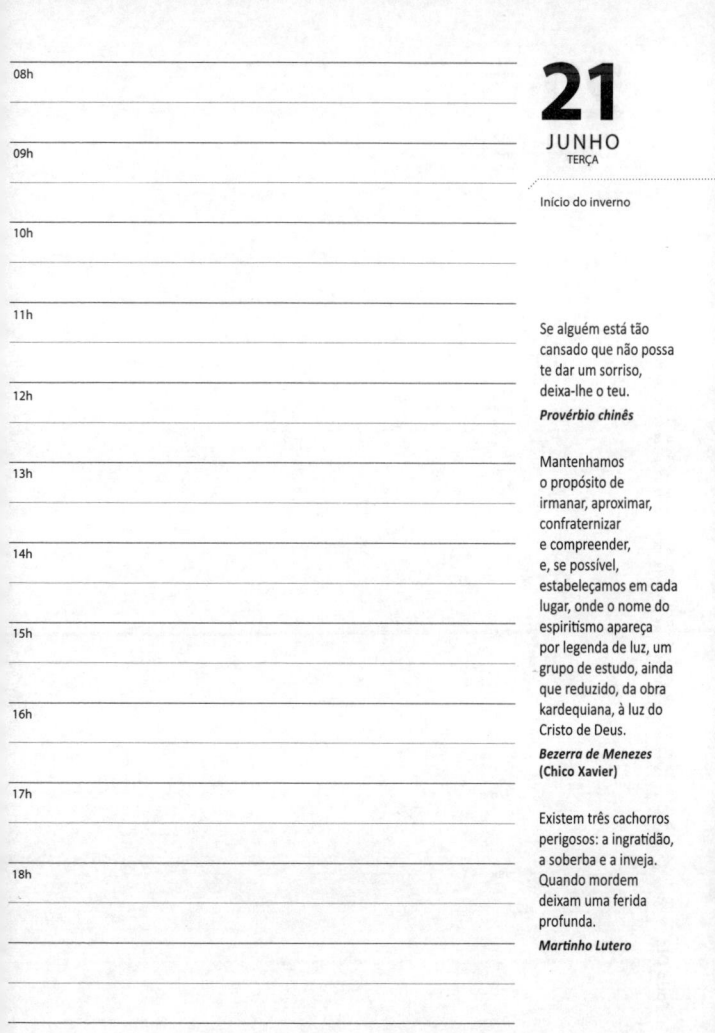

08h	
09h	
10h	
11h	
12h	
13h	
14h	
15h	
16h	
17h	
18h	

21
JUNHO
TERÇA

Início do inverno

Se alguém está tão cansado que não possa te dar um sorriso, deixa-lhe o teu.
Provérbio chinês

Mantenhamos o propósito de irmanar, aproximar, confraternizar e compreender, e, se possível, estabeleçamos em cada lugar, onde o nome do espiritismo apareça por legenda de luz, um grupo de estudo, ainda que reduzido, da obra kardequiana, à luz do Cristo de Deus.
Bezerra de Menezes (Chico Xavier)

Existem três cachorros perigosos: a ingratidão, a soberba e a inveja. Quando mordem deixam uma ferida profunda.
Martinho Lutero

22
JUNHO
QUARTA

Todo Dia

08h

09h

10h

11h

12h

13h

14h

15h

16h

17h

18h

08h	
09h	**23**
	JUNHO
	QUINTA
10h	

- 08h
- 09h
- 10h
- 11h
- 12h
- 13h
- 14h
- 15h
- 16h
- 17h
- 18h

Tanto quanto o dique precisa erguer-se em defensiva constante, no governo das águas, deve guardar-se o amor em permanente vigilância, na frenação (contenção) do impulso emotivo.

Fiscaliza, assim teus próprios desejos.

Todo pensamento acalentado tende a expressar-se em ação.
Emmanuel (Chico Xavier) – Mãe – O Clarim

Ser inteiramente honesto consigo mesmo é um bom exercício.
Sigmund Freud

Na procura de sabedoria, o primeiro passo é o silêncio, o segundo ouvir, o terceiro relembrar, o quarto praticar e o quinto ensinar aos outros.
Provérbio judaico

24
JUNHO
SEXTA

08h

09h

10h

11h

12h

13h

14h

15h

16h

17h

18h

Todo Dia

08h	**25**
09h	JUNHO
10h	SÁBADO
11h	
12h	
13h	As leis que não
14h	protegem nossos
	adversários não podem
15h	proteger-nos.
16h	*Rui Barbosa*
17h	Procura substituir os
	instantes de queixa por
18h	momentos de serviço
	ao próximo e observa
	os resultados.
	Emmanuel – **Francisco Cândido Xavier**

08h	**26**
09h	JUNHO
10h	DOMINGO
11h	
12h	A falta de fé é
13h	responsável pela
	quase totalidade
	dos suicídios.
14h	*Emmanuel* **(Chico Xavier) – O consolador – FEB**
15h	

27
JUNHO
SEGUNDA

08h

09h

10h

11h

12h

13h

14h

15h

16h

17h

18h

Todo Dia

28
JUNHO
TERÇA

Dia da renovação espiritual

(...) o princípio espiritual, desde o obscuro momento da criação, caminha sem detença para frente.

Afastou-se do leito oceânico, atingiu a superfície das águas protetoras, moveu-se em direção à lama das margens, debateu-se no charco, chegou à terra firme, experimentou na floresta, copioso material de formas representativas, ergueu-se do solo, contemplou os céus e, depois de longos milênios, durante os quais aprendeu a procriar, alimentar-se, escolher, lembrar e sentir conquistou a inteligência... Viajou do simples impulso para a irritabilidade, da irritabilidade para a sensação, da sensação para o instinto, do instinto para a razão.

***André Luiz* (Chico Xavier) – No mundo maior – FEB**

08h

09h

10h

11h

12h

13h

14h

15h

16h

17h

18h

29
JUNHO
QUARTA

08h

09h

10h

11h

12h

13h

14h

15h

16h

17h

18h

Todo Dia

30 JUNHO
QUINTA

É PRECISO AGIR

Primeiro levaram os negros,

Mas não me importei com isso, eu não era negro.

Em seguida levaram alguns operários,

Mas não me importei com isso, eu também não era operário.

Depois prenderam os miseráveis,

Mas não me importei com isso, porque eu não sou miserável.

Depois agarraram uns desempregados,

Mas como tenho meu emprego, também não me importei.

Agora estão me levando,

Mas já é tarde.

Como eu não me importei com ninguém,

Ninguém se importa comigo.
Bertold Brecht (1898–1956)

Há muita gente que busca a paz; raras pessoas, porém, tentam segui-la.
Emmanuel (Chico Xavier)

VIVÊNCIA

Habitualmente, perdemos tempo, em desgosto inútil, quando nos achamos em antagonismo com alguém ou vice-versa.

Entretanto, vejamos:

os outros pensam segundo imaginam;

falam o que melhor lhes parece;

fazem o que lhes ocorre aos desejos;

abraçam o que lhes agrada;

adquirem o que estimam;

valorizam o que mais amam;

inclinam-se para aquilo que os atrai;

vivem com quem mais se afinam;

estão no caminho que escolheram;

acham sempre o que procuram.

Isso, porém, não é novidade, porque todos nos padronizamos por diretrizes idênticas: agimos como somos e reagimos, conforme a própria vontade, na condução de nossos impulsos. A novidade é reconhecer que os outros e nós teremos inevitavelmente aquilo que fizermos.

Alcançando a certeza disso, vale, acima de tudo, auxiliarmo-nos reciprocamente, sem queixas uns dos outros, de vez que nenhum de nós consegue aperfeiçoamento próprio senão à custa de numerosas experiências.

À frente da realidade, vivamos com as nossas lições, mantendo a consciência em paz, e deixemos aos outros o seu próprio dom de aprender e de viver.

André Luiz (Chico Xavier) – **Respostas da vida** – IDEAL

ESPERANDO POR TI

Antes de pronunciares a frase amarga que te explode no coração, tentando romper as barreiras da boca, pensa na bondade de Deus, que te envolve por toda parte.

A Natureza é colo de mãe expectante...

Assemelha-se a luz celeste ao olhar do próprio amor que te ergue, às ocultas, e o ar que respiras é assim como o sopro da ternura de alguém, a estender-te alimento invisível.

Tudo serve em silêncio, esperando por ti.

Abre-se a via pública, aos teus pés, à feição de amistoso convite, a água pura está pronta a mitigar-te a sede, o livro nobre aguarda o toque de tuas mãos para consolar-te, e o fruto, pendendo da árvore, roga, humilde, que o recolhas.

Pensa na bondade de Deus e não digas a palavra que desencoraje ou amaldiçoe.

Cala-te, onde não possas auxiliar.

Deixa que tua alma se enterneça, ajudando nas construções do Bem Eterno, que tudo nos dá, sem nada exigir.

E compreenderás, então, que Deus te oferece a vida por Divina Sinfonia e que essa Divina Sinfonia pede que lhe dês também tua nota.

Meimei **(Chico Xavier/Waldo Vieira) – O espírito da verdade – FEB**

JULHO

Anotações importantes

viagens | cursos | reuniões | aniversários | provas | trabalhos | contas

1
2
3
4
5
6
7
8
9
10
11
12
13
14
15
16
17
18
19
20
21
22
23
24
25
26
27
28
29
30
31

Hora	
08h	
09h	
10h	
11h	
12h	
13h	
14h	
15h	
16h	
17h	
18h	

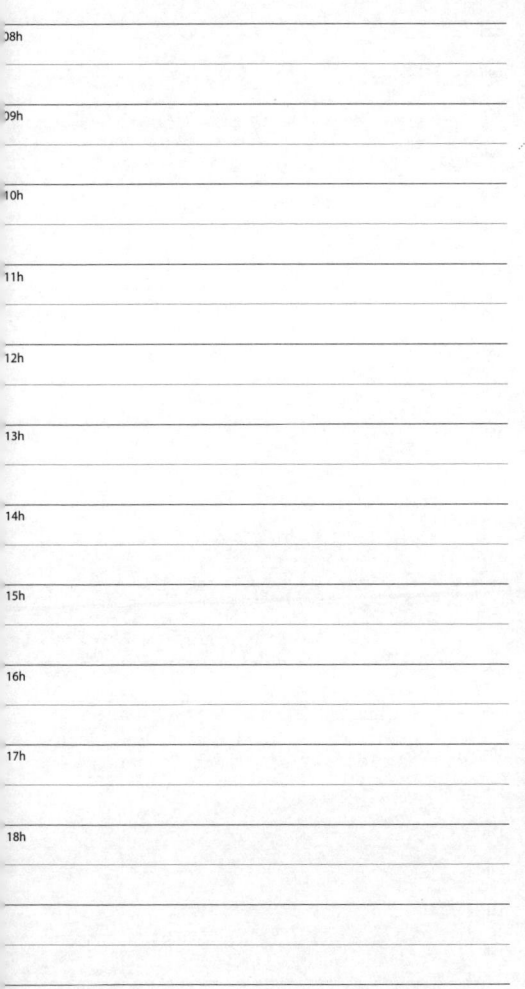

01
JULHO
SEXTA

A calma e a resignação, obtidas pela maneira de encarar a vida terrestre e pela fé no futuro, dão ao espírito uma serenidade que é a melhor proteção contra a loucura e o suicídio.

Allan Kardec – O Evangelho segundo o Espiritismo, capítulo V – Editora EME

Não conheço ninguém que tenha feito mais para a humanidade do que Jesus. De fato, não há nada de errado no cristianismo. O problema são vocês, cristãos. Vocês nem começaram a viver segundo os seus próprios ensinamentos.

Mahatma Gandhi

02
JULHO
SÁBADO

Dia do hospital
Dia do bombeiro brasileiro

- 08h
- 09h
- 10h
- 11h
- 12h
- 13h
- 14h
- 15h
- 16h
- 17h
- 18h

Todo Dia

03
JULHO
DOMINGO

- 08h
- 09h
- 10h
- 11h
- 12h
- 13h
- 14h
- 15h

04
JULHO
SEGUNDA

Cada existência dentro da perenidade do tempo e das Leis Evolutivas é um trecho da nossa longa estrada em que aprendemos, lutamos, erramos, acertamos, ou recomeçamos a aprender.

E assim, através dos séculos encontramos a vitória, enfim, da Vida Imperecível.

Meditemos nisso e seguimos para diante sob a tutela de Jesus, o Nosso Divino Mestre, segundo as Supremas Diretrizes de Deus Nosso Pai.

Emmanuel **(Chico Xavier)**

Nos encolhemos só de pensar. Ainda amamos a vida, ainda não esquecemos a voz da natureza e continuamos com esperança de... tudo.

Anne Frank

05 JULHO
TERÇA

08h

09h

10h

11h

12h

13h

14h

15h

16h

17h

18h

Todo Dia

06
JULHO
QUARTA

8h

9h

10h

11h

Aprenda a admoestar-se, antes que a vida admoeste a você.

Enfermidades compartilham excessos...

Obsessões cavalgam desequilíbrios...

12h

Cárceres segregam a delinquência...

13h

Reencarnações expiatórias acompanham desatinos...

14h

André Luiz (Chico Xavier) – Ideal espírita – CEC

15h

16h

Nenhuma atividade no bem é insignificante. As mais altas árvores são oriundas de minúsculas sementes.

Chico Xavier

17h

18h

As leis não bastam. Os lírios não nascem da lei.

Carlos Drummond de Andrade

07
JULHO
QUINTA

Todo Dia

08h

09h

10h

11h

12h

13h

14h

15h

16h

17h

18h

08
JULHO
SEXTA

Em Alcoólicos Anônimos (AA) o décimo primeiro passo fala em meditação e oração para que venhamos entender a vontade de Deus.

E confesso que entender a vontade de Deus e realizá-la diante de nossos conflitos, ansiedades e instintos nem sempre é fácil.

Porém, acreditar que Deus está no comando e tem um plano para nossa vida faz a caminhada valer a pena. Essa determinação divina é pela felicidade e perfeição de todos os Seus filhos.

Rodrigues de Camargo

O apego é exatamente o oposto do amor. O amor diz: quero que sejas feliz. O apego diz: quero que me faças feliz.

Jetsunma Tenzin Palmo

09
JULHO
SÁBADO

Dia da Revolução e do soldado constitucionalista

- 08h
- 09h
- 10h
- 11h
- 12h
- 13h
- 14h
- 15h
- 16h
- 17h
- 18h

10
JULHO
DOMINGO

- 08h
- 09h
- 10h
- 11h
- 12h
- 13h
- 14h
- 15h

Todo Dia

11
JULHO
SEGUNDA

08h

09h

10h

11h

12h

13h

14h

15h

16h

17h

18h

Reencarnação não é uma teoria, é uma lei de Deus e, por isso, ela se cumpre, mesmo que você discorde ou não acredite. Dizer que não segue a lei da reencarnação é uma bobagem tão grande como não aceitar a lei da gravidade.
Juan Carlos Menendez

(...) a caridade não consiste apenas em ajudar o semelhante na necessidade; consiste também no esquecimento e no perdão das ofensas.

Com que direito reclamaremos vossa indulgência, se nós mesmos não a aplicamos em relação àqueles de quem nos queixamos?

Allan Kardec – O Evangelho segundo o Espiritismo – Editora EME – Capítulo XXVIII, item V

12
JULHO
TERÇA

08h

09h

10h

11h

12h

13h

14h

15h

16h

17h

18h

Todo Dia

08h

09h

10h

11h

12h

13h

14h

15h

16h

17h

18h

13
JULHO
QUARTA

O espírito se liberta do corpo físico para ganhar o espaço infinito e ir ao encontro dos seus entes queridos, espaço onde pode ser mais feliz do que aqui na Terra; abandona as vestes gastas e usadas para ganhar uma vestimenta espiritual jovem e fortalecida.

Estamos em viagem de crescimento moral e espiritual e as etapas vencidas vão exigir de nós novos testes e metas com a finalidade de atingirmos a iluminação interior.
Rodrigues de Camargo

Fazer o que você gosta é liberdade, gostar do que você faz é felicidade.
Frank Tyger

14
JULHO
QUINTA

Dia da liberdade de pensamento

Todo Dia

08h

09h

10h

11h

12h

13h

14h

15h

16h

17h

18h

15
JULHO
SEXTA

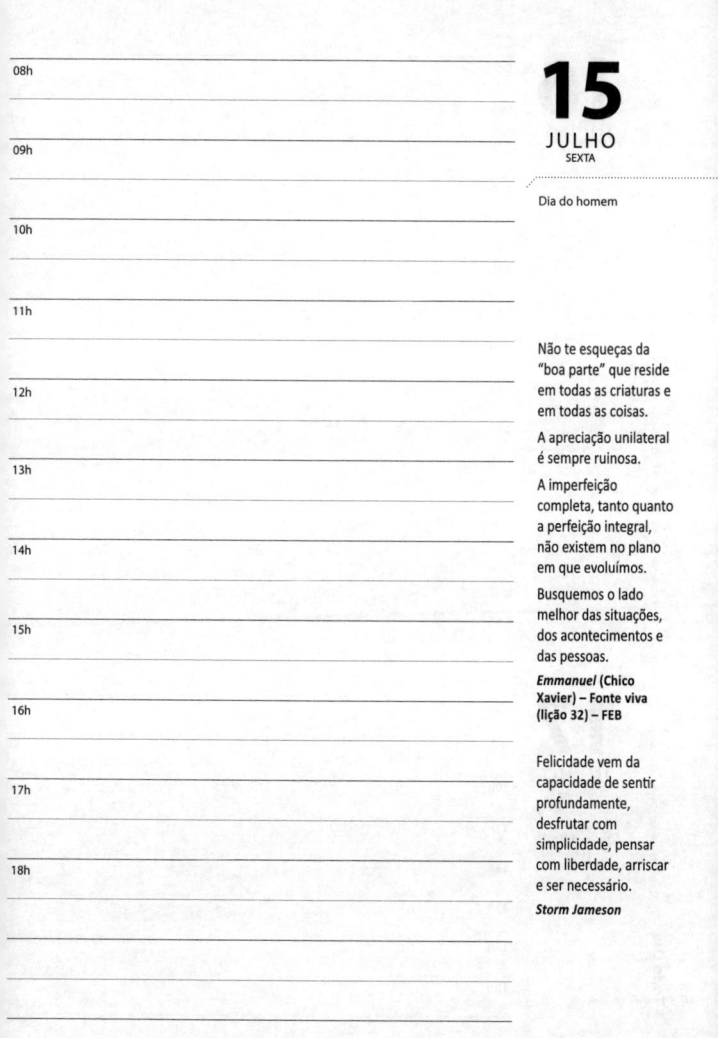

Dia do homem

08h	
09h	
10h	
11h	
12h	
13h	
14h	
15h	
16h	
17h	
18h	

Não te esqueças da "boa parte" que reside em todas as criaturas e em todas as coisas.

A apreciação unilateral é sempre ruinosa.

A imperfeição completa, tanto quanto a perfeição integral, não existem no plano em que evoluímos.

Busquemos o lado melhor das situações, dos acontecimentos e das pessoas.

Emmanuel (Chico Xavier) – Fonte viva (lição 32) – FEB

Felicidade vem da capacidade de sentir profundamente, desfrutar com simplicidade, pensar com liberdade, arriscar e ser necessário.

Storm Jameson

16
JULHO
SÁBADO

Dia do comerciante

- 08h
- 09h
- 10h
- 11h
- 12h
- 13h
- 14h
- 15h
- 16h
- 17h
- 18h

17
JULHO
DOMINGO

Dia de proteção às florestas

Todo Dia

- 08h
- 09h
- 10h
- 11h
- 12h
- 13h
- 14h
- 15h

18 JULHO
SEGUNDA

08h

09h

10h

11h

12h

13h

14h

15h

16h

17h

18h

O espiritismo é o disciplinador de nossa liberdade, para que mantenhamos, no campo do espírito, uma vida individual harmoniosa, devidamente ajustada aos impositivos da vida universal perfeita.
Emmanuel (Chico Xavier) – Prefácio de Ação e reação – FEB

Homens dominam outros homens e é assim que nasce a diferença dos valores; classes dominam classes e é assim que nasce a ideia de liberdade.
Foucault

Ninguém é um crente verdadeiro até que deseje ao irmão o que deseja para si mesmo.
Maomé

19
JULHO
TERÇA

Dia da caridade

08h

09h

10h

11h

12h

13h

14h

15h

16h

17h

18h

Todo Dia

08h	
09h	
10h	
11h	
12h	
13h	
14h	
15h	
16h	
17h	
18h	

20
JULHO
QUARTA

Dia do amigo e internacional da amizade

A caridade é a virtude sublime que salva, aprimora, enaltece e aperfeiçoa.

Irmão X (Chico Xavier) – Lázaro redivivo – FEB

Nós, no espiritismo, somos aquela parcela de cristãos chamados a compreender e trabalhar.

Não temos qualquer coisa contra os companheiros nossos que acreditam de outro modo.

Allan Kardec abriu-nos um caminho vasto. Não se sabe de mensagem alguma em que fôssemos chamados a mostrar santidade; mas existem numerosos convites à cooperação, ao trabalho.

Chico Xavier

Civilização é o processo de libertar o homem dos outros homens.

Ayn Rand

21
JULHO
QUINTA

Todo Dia

- 08h
- 09h
- 10h
- 11h
- 12h
- 13h
- 14h
- 15h
- 16h
- 17h
- 18h

08h	
09h	**22**
	JULHO
	SEXTA
10h	
11h	Libertai-vos, compreendei que a religião de Deus é a religião do coração; que ela não tem por base se não um princípio: a caridade; por desenvolvimento, o amor à Humanidade.
12h	
13h	
	Santo Agostinho
14h	Ninguém pode construir em teu lugar as pontes que precisarás passar, para atravessar o rio – ninguém, exceto tu.
15h	
	Nietzsche
16h	Procuro semear otimismo e plantar sementes de paz e justiça. Digo o que penso, com esperança. Penso no que faço, com fé. Faço o que devo fazer, com amor. Eu me esforço para ser cada dia melhor, pois bondade também se aprende!
17h	
18h	
	Cora Coralina

23
JULHO
SÁBADO

08h
09h
10h
11h
12h
13h
14h
15h
16h
17h
18h

24
JULHO
DOMINGO

08h
09h
10h
11h
12h
13h
14h
15h

Todo Dia

S S D S T Q Q S S D S T Q Q S S D S T Q Q S S D S T Q Q S S D
01 02 **03** 04 05 06 07 08 **09** **10** 11 12 13 14 15 16 **17** 18 19 20 21 22 23 **24** 25 26 27 28 29 30 **31**

25
JULHO
SEGUNDA

Dia do escritor
Dia do motorista

08h
09h
10h
11h

Os homens semeiam na Terra o que colherão na vida espiritual.
Allan Kardec

12h
13h
14h

Aprendamos a não guardar ressentimento no coração. Ele nasce de nossa intolerância e faz muito mal para nossa saúde e bem-estar.

15h

Aprendamos que estamos todos em viagem de aprimoramento, sendo sábio escalar os degraus da vida sem aborrecimento e azedume, para que nosso caminhar seja suave e florido.

16h
17h
18h

Aprendamos com Santo Agostinho, que diz: "a esperança tem duas filhas encantadoras, a indignação e a coragem; a indignação nos ensina a não aceitar as coisas como estão; a coragem, a mudá-las em nós".
Rodrigues de Camargo

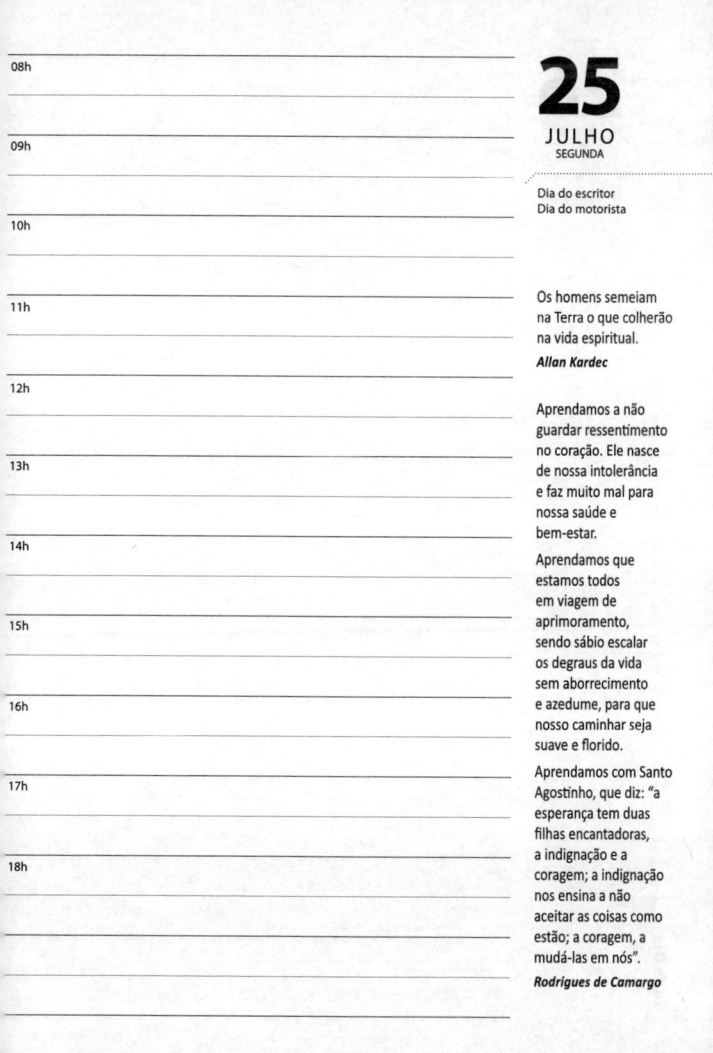

26
JULHO
TERÇA

Dia dos avós

Todo Dia

08h

09h

10h

11h

12h

13h

14h

15h

16h

17h

18h

27
JULHO
QUARTA

08h

09h

10h

11h

12h

13h

14h

15h

16h

17h

18h

Nas concessões da Providência Divina, o nosso mais precioso lugar de trabalho chama-se "aqui" e o nosso melhor tempo chama-se "agora".

Seja útil em qualquer lugar, mas não guarde a pretensão de agradar a todos; não intente o que o próprio Cristo ainda não conseguiu.
André Luiz – Chico Xavier

Ninguém externo ao nosso ser pode governar nosso interior. Quando descobrimos isso, encontramos a liberdade.
Buda

Não abandone seus sonhos! Quando eles partem, você pode até continuar existindo, porém deixou de viver.
Mark Twain

28
JULHO
QUINTA

Todo Dia

08h

09h

10h

11h

12h

13h

14h

15h

16h

17h

18h

29
JULHO
SEXTA

08h

09h

10h

11h

12h

13h

14h

15h

16h

17h

18h

Lembra-te de que um sorriso de confiança, uma prece de ternura, uma frase de bom ânimo, um gesto de solidariedade e um minuto de paz não tem preço na Terra.
Emmanuel (Chico Xavier)

As pessoas são solitárias porque constroem paredes em vez de pontes.
Joseph F. Newton

Todos os sofrimentos: misérias, decepções, dores físicas, perda de seres amados, encontram sua consolação na fé no futuro, na confiança na Justiça de Deus, que o Cristo veio ensinar aos homens.
Allan Kardec – O Evangelho segundo o Espiritismo – Editora EME

30
JULHO
SÁBADO

08h
09h
10h
11h
12h
13h
14h
15h
16h
17h
18h

31
JULHO
DOMINGO

08h
09h
10h
11h
12h
13h
14h
15h

Todo Dia

APRENDER PRIMEIRO, ENSINAR DEPOIS

> Embora ninguém possa voltar atrás e fazer um novo começo,
> Qualquer um pode começar agora e fazer um novo fim.
> *Chico Xavier*

Em uma entrevista, o orador Divaldo P. Franco conta o caso onde Chico Xavier estava passando por um problema moral.

Disse Chico ao seu guia espiritual, Emmanuel:

– O senhor não diz nada do meu problema?

– Como não digo nada, há anos venho dizendo [escrevendo mensagens pela sua mediunidade].

E contou Emmanuel uma história...

– Havia um homem muito querido que estava temendo que fosse chover. Aquele que o protegia deu-lhe uma capa, um chapéu e em seguida um guarda-chuva. Quando choveu, o homem disse: "O que faço?". Diz o protetor: "Use o que lhe dei".

Explicando ao Chico, o espírito Emmanuel concluiu:

– Não posso lhe tirar a prova. Como irá evoluir? Use tudo o que lhe dei.

Lembrou também Allan Kardec:

– Os médiuns devem aceitar primeiro para si as mensagens de que são objeto e depois para os outros.

Assim, temos muito que aprender com as obras de Kardec, que, em *O Evangelho segundo o Espiritismo*, nos lembra os ensinos do Mestre: "Assim como o Cristo disse: 'Não vim destruir a lei, porém, cumpri-la', também o espiritismo diz: 'Não venho destruir a lei cristã, mas dar-lhe execução'. Nada ensina em contrário do que ensinou o Cristo; mas desenvolve, completa e explica, em termos claros e para toda a gente, o que foi dito apenas sob forma alegórica".

Rodrigues de Camargo

AGOSTO

Anotações importantes

viagens | cursos | reuniões | aniversários | provas | trabalhos | contas

1
2
3
4
5
6
7
8
9
10
11
12
13
14
15
16
17
18
19
20
21
22
23
24
25
26
27
28
29
30
31

01
AGOSTO
SEGUNDA

08h

09h

10h

11h

12h

13h

14h

15h

16h

17h

18h

Em verdade...

O santo não condena o pecador. Ampara-o sem presunção.

O sábio não satiriza o ignorante. Esclarece-o fraternalmente.

O iluminado não insulta o que anda em trevas. Aclara-lhe a senda.

O orientador não acusa o aprendiz tateante. A ovelha insegura é a que mais reclama o pastor.

O bom não persegue o mau. Ajuda-o a melhorar-se.

***André Luiz* (Chico Xavier) – Agenda cristã – FEB**

Num dicionário de um jovem a quem o destino reservou generoso futuro não consta a palavra fracasso.

Bulwer

Pendura tua alma no varal e deixe que as coisas ruins evaporem!

Clarice Lispector

02
AGOSTO
TERÇA

Todo Dia

08h

09h

10h

11h

12h

13h

14h

15h

16h

17h

18h

03
AGOSTO
QUARTA

08h

09h

10h

11h

12h

13h

14h

15h

16h

17h

18h

Tenho a audácia de acreditar que os povos em todos os lugares podem fazer três refeições por dia para seus corpos, ter educação e cultura para suas mentes e dignidade, igualdade e liberdade para seus espíritos.
Martin Luther King Jr.

O pensamento é como o vento, não podemos vê-lo ou tocá-lo, mas sempre podemos observar os resultados da sua presença...
Wayne Dyer

Tudo que realizei ou tive esperança de realizar, e o que talvez ainda realize, foi e será resultado de esforços que, com a persistência da formiga, formam o gênio do conhecimento, o conjunto da minha cultura universal.
Elibu Burrit

04
AGOSTO
QUINTA

08h

09h

10h

11h

12h

13h

14h

15h

16h

17h

18h

Todo Dia

05
AGOSTO
SEXTA

Dia nacional da saúde

8h

9h

10h

11h

12h

13h

14h

15h

16h

17h

18h

Gente há que desencarna imaginando que as portas do Mundo Espiritual irão se lhes escancarar... Ledo engano! Ninguém quer saber o que fomos, o que possuíamos, que cargo ocupávamos no mundo; o que conta é a luz que cada um já tenha conseguido fazer brilhar em si mesmo...
Chico Xavier

O maior erro que um homem pode cometer é sacrificar a sua saúde a qualquer outra vantagem.
Arthur Schopenhauer

Algumas coisas levam tempo para acontecer, mas vale a pena esperar!
Nar-Anon – **Grupo Vida Nova**

06
AGOSTO
SÁBADO

08h	
09h	
10h	
11h	
12h	
13h	
14h	
15h	
16h	
17h	
18h	

07
AGOSTO
DOMINGO

08h	
09h	
10h	
11h	
12h	
13h	
14h	
15h	

Todo Dia

08
AGOSTO
SEGUNDA

Bondade para com todos, trabalho incansável no bem, otimismo operante, dever irrepreensivelmente cumprido, sinceridade, boa vontade, esquecimento integral das ofensas recebidas e fraternidade simples e pura, constituem sustentáculo de nossa saúde espiritual.

– "Amai-vos uns aos outros como eu vos amei" – recomendou o Divino Mestre.

Dias da Cruz **(Chico Xavier) – Instruções psicofônicas – FEB**

Nunca se protele o filosofar quando se é jovem, nem canse o fazê-lo quando se é velho, pois que ninguém é jamais pouco maduro nem demasiado maduro para conquistar a saúde da alma.

Epicuro

09
AGOSTO
TERÇA

08h

09h

10h

11h

12h

13h

14h

15h

16h

17h

18h

Todo Dia

10 AGOSTO
QUARTA

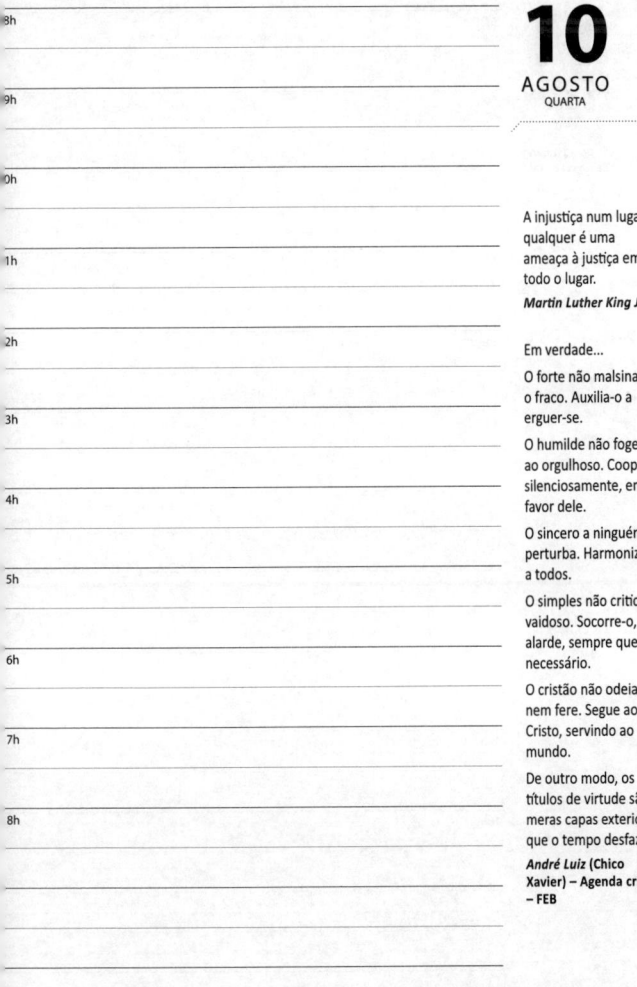

A injustiça num lugar qualquer é uma ameaça à justiça em todo o lugar.
Martin Luther King Jr.

Em verdade...

O forte não malsina o fraco. Auxilia-o a erguer-se.

O humilde não foge ao orgulhoso. Coopera silenciosamente, em favor dele.

O sincero a ninguém perturba. Harmoniza a todos.

O simples não critica o vaidoso. Socorre-o, sem alarde, sempre que necessário.

O cristão não odeia, nem fere. Segue ao Cristo, servindo ao mundo.

De outro modo, os títulos de virtude são meras capas exteriores que o tempo desfaz.

André Luiz (Chico Xavier) – **Agenda cristã** – FEB

11
AGOSTO
QUINTA

Dia do advogado
Dia do estudante

Todo Dia

08h

09h

10h

11h

12h

13h

14h

15h

16h

17h

18h

12
AGOSTO
SEXTA

Dia internacional da juventude

Vivi uma vida repleta de problemas, mas não são nada comparados com os problemas que o meu pai teve de enfrentar para conseguir que a minha vida começasse.
Bartrand Hubbard

Na juventude deve-se acumular o saber. Na velhice fazer uso dele.
Rousseau

Acredite: há alimentos que podem, sim, ajudá-lo a ter uma vida mais saudável. O menu que prolonga a juventude.

A medicina constata que certos alimentos previnem e até ajudam a curar doenças. Além disso, uma boa dieta pode atrasar o processo de envelhecimento.
Veja online

13
AGOSTO
SÁBADO

08h
09h
10h
11h
12h
13h
14h
15h
16h
17h
18h

14
AGOSTO
DOMINGO

Dia dos pais

08h
09h
10h
11h
12h
13h
14h
15h

Todo Dia

15
AGOSTO
SEGUNDA

Dia dos solteiros

08h

09h

10h

11h

12h

13h

Quando um homem se dá conta que o seu pai talvez tivesse razão, normalmente tem um filho que crê que ele está equivocado.
Charles Wadsworth

14h

15h

16h

Aceite serenamente os ensinamentos do passar dos anos, renunciando suavemente àquilo que pertence à juventude. Fortaleça seu espírito para que ele possa protegê-lo diante das provas. Não antecipe sofrimentos, conserve a calma.

17h

18h

Você é filho do Universo, tanto quanto as árvores e as estrelas; e tem o direito de estar aqui.
Desiderata

16
AGOSTO
TERÇA

08h

09h

10h

11h

12h

13h

14h

15h

16h

17h

18h

Todo Dia

17 AGOSTO
QUARTA

08h

09h

10h

11h

12h

13h

14h

15h

16h

17h

18h

O meu pai não me disse como viver, ele viveu e deixou-me observar a sua vida.
Clarence Budington Kelland

Justiça e misericórdia: Toda vez que a Justiça Divina nos procura para acerto de contas, se nos encontra trabalhando em benefício dos outros, manda a Misericórdia Divina que a cobrança seja suspensa por tempo indeterminado.
Chico Xavier

Pessoas oprimidas não podem permanecer oprimidas para sempre. O anseio pela liberdade eventualmente se manifesta.
Martin Luther King Jr.

18
AGOSTO
QUINTA

08h

09h

10h

11h

12h

13h

14h

15h

16h

17h

18h

Todo Dia

19 AGOSTO
SEXTA

08h
09h
10h
11h
12h
13h
14h
15h
16h
17h
18h

– "Caminhai como filhos da luz." – ensinou o apóstolo da gentileza

Procurando, pois, o Senhor e aqueles que O seguem valorosamente, pela reta conduta de cristãos leais ao Cristo, vacinemos nossas almas contra as flagelações externas ou internas da parasitose mental.
Dias da Cruz (Chico Xavier) – Instruções psicofônicas – FEB

Para os bons dias, gratidão. Para os dias difíceis, fé. Para os dias de saudade, tempo. Para todos os dias, coragem.
Chico Xavier

O que temos nós deixamos.

O que somos nós levamos.
Divaldo P. Franco

20
AGOSTO
SÁBADO

Dia dos maçons

- 08h
- 09h
- 10h
- 11h
- 12h
- 13h
- 14h
- 15h
- 16h
- 17h
- 18h

21
AGOSTO
DOMINGO

- 08h
- 09h
- 10h
- 11h
- 12h
- 13h
- 14h
- 15h

Todo Dia

08h	**22**
	AGOSTO
09h	SEGUNDA
	Dia do folclore
10h	
11h	
	No final de nossas existências não seremos julgados pelos muitos diplomas que recebemos, por quanto dinheiro fizemos ou por quantas grandes coisas realizamos. Seremos julgados pelo 'Eu tive fome e você me deu de comer. Estava nu, e você me vestiu. Eu não tinha casa e você me abrigou'.
12h	
13h	
14h	
15h	***Madre Teresa de Calcutá***
16h	Não importa por onde eu comecei, pois para lá eu voltarei sempre. ***Parmênides***
17h	As pessoas precisam de três coisas: prudência no ânimo, silêncio na língua e vergonha na cara. ***Sócrates***
18h	

23
AGOSTO
TERÇA

Todo Dia

08h

09h

10h

11h

12h

13h

14h

15h

16h

17h

18h

08h	**24**
	AGOSTO
09h	QUARTA
	Dia da infância
10h	Dia dos artistas
11h	
12h	Às vezes é tarefa do artista descobrir quanta música ainda se consegue fazer com o que restou do instrumento.
13h	***Yitzhak Perlman***
14h	Não existem sonhos impossíveis para aqueles que realmente acreditam que o poder realizador reside no interior de cada ser humano. Sempre que alguém descobre esse poder, algo antes considerado impossível, se torna realidade.
15h	
16h	
17h	***Albert Einstein***
18h	Não vale a pena ter liberdade, se ela não encerra a liberdade de errar.
	Mahatma Gandhi

25
AGOSTO
QUINTA

Dia do soldado
Dia do feirante

08h

09h

10h

11h

12h

13h

14h

15h

16h

17h

18h

Todo Dia

26 AGOSTO
SEXTA

08h

09h

10h

11h

12h

13h

14h

15h

16h

17h

18h

As pessoas inteligentes e cultas têm um direito sobre as ignorantes e incultas: o direito a instruí-las.
Ralph Waldo Emerson

O que deve caracterizar a juventude é a modéstia, o pudor, o amor, a moderação, a dedicação, a diligência, a justiça, a educação. São estas as virtudes que devem formar o seu caráter.
Sócrates

Uma semente cresce sem som, mas uma árvore cai com ruído enorme. A destruição tem ruído, mas a criação é silenciosa. Esse é o poder do silêncio. Crescer silenciosamente.
Confúcio

27
AGOSTO
SÁBADO

Dia do psicólogo

- 08h
- 09h
- 10h
- 11h
- 12h
- 13h
- 14h
- 15h
- 16h
- 17h
- 18h

28
AGOSTO
DOMINGO

Dia dos bancários
Dia de Santo Agostinho de Hipona

- 08h
- 09h
- 10h
- 11h
- 12h
- 13h
- 14h
- 15h

Todo Dia

Hora	
08h	
09h	
10h	
11h	
12h	
13h	
14h	
15h	
16h	
17h	
18h	

29
AGOSTO
SEGUNDA

Dia nacional de combate ao fumo

O cigarro é uma droga, que causa mais de 50 doenças, inclusive 90% dos cânceres de pulmão.

Ela é ilícita para menores de 18 anos. O início do consumo acontece em média entre os 13 e os 14.

O uso de outras drogas declina com a idade, o mesmo não acontecendo com o tabaco. Estima-se que 60% daqueles que fumam por mais de 6 semanas continuam fumando por mais 30 anos.

Rodrigues de Camargo

A felicidade não se encontra nos bens exteriores.

Aristóteles

Nunca se creias inútil. O caminho para a Vida Superior começa na prestação de serviço aos outros.

Meimei

30
AGOSTO
TERÇA

08h

09h

10h

11h

12h

13h

14h

15h

16h

17h

18h

Todo Dia

08h	
09h	
10h	
11h	
12h	
13h	
14h	
15h	
16h	
17h	
18h	

31
AGOSTO
QUARTA

Dia da nutricionista

O motivo que levou o doutor Dráuzio Varella a parar de fumar:

"No plano puramente pessoal, a inimizade (com o cigarro) é até maior. Maltratei meu corpo com cancerígenos de ação lenta durante dezenove anos. Mais grave ainda, o cigarro matou meu pai, um irmão alto e bonito aos 45 anos e um sogro querido. A nicotina age no cérebro e altera o metabolismo dos neurônios. É a droga mais difícil de largar".

Você pode parar se faz uso e aconselhar os amigos e familiares a deixarem o hábito, contando com a experiência de outros que abandonaram.

Rodrigues de Camargo
(Confissões de um viciado arrependido)

ESPÍRITAS E A IDEAÇÃO SUICIDA

Nosso país se encontra entre os quinze do mundo com maior taxa de pessoas diagnosticadas com depressão; nas estatísticas de suicídio, estamos entre os dez países que registraram elevados números, sendo o suicídio a terceira causa de morte no Brasil.

Estudos de especialistas afirmam que as três principais causas de morte entre os jovens nas Américas são evitáveis. Os homicídios são os "principais assassinos", sendo responsáveis por 24% de toda a mortalidade, seguidos pelas mortes no trânsito (20%) e pelo suicídio (7%).

Suicídio é o ato intencional de matar a si mesmo. Sua causa mais comum é um transtorno mental e/ou psicológico que pode incluir depressão, transtorno bipolar, esquizofrenia, alcoolismo e abuso de drogas. Dificuldades financeiras e/ou emocionais também desempenham um fator significativo. O suicídio vem sendo tratado como um problema de saúde mental e de saúde pública.

Três atuais líderes espíritas declararam que, em certos momentos de suas vidas, alimentaram a ideação suicida, e que estes pensamentos os levaram a flertar com essa realização trágica. Partilharam essa situação em palestras públicas disponíveis na internet.

O mais antigo e conhecido é o orador e médium com mais de 200 livros psicografados, Divaldo Pereira Franco; quando jovem, depois de perder o emprego, conta ter subido no Edifício Lacerda, em Salvador, com a ideia fixa de se jogar do prédio. A alma de sua irmã, que já cometera suicídio, apareceu para ele e interveio em seu favor, desestimulando-o da ideia obsessiva.

Outro personagem é uma psicóloga, professora e pesquisadora com diversos cursos superiores, Anete Guimarães, que declara que tentou o suicídio quando tinha apenas onze anos de idade. Ela não descreve de que forma seria e nem o motivo. Em seus pronunciamentos, aconselha que não se deve divulgar essas maneiras, porque isso estimula outras pessoas a agirem da mesma forma.

O mais jovem é um psicólogo e escritor Rossandro Klinjey, nascido em Campina Grande, Paraíba; ele confessou em uma palestra que, quando ainda jovem, após sair da casa da mãe, encontrando muitas dificuldades e sem sucesso em seu intento de viver independente, ficou imaginando por diversas vezes como atentar contra a própria vida, se jogando da sacada de seu apartamento, no quarto andar. Felizmente a consciência do conhecimento da vida espiritual – consciência de que ninguém morre –, e a lembrança dos conselhos maternais ("aconteça o que for, volte para casa e, por favor, vivo") lhe deu a coragem de voltar e pedir ajuda à mãe.

Consideramos o suicídio um ato extremo. Todos temos dificuldades, problemas, angústias, mas a autodestruição é uma porta falsa que se apresenta como solução definitiva para um problema/dificuldade temporários. Tudo se resolve com o tempo.

Estejamos atentos conosco mesmos, todos estamos sujeitos às fases depressivas; em qualquer sinalização de mudanças bruscas nos familiares e colegas íntimos, ou do trabalho, vale sugerir que busquem ajuda. Existem profissionais em diversas áreas capacitados para auxiliar na superação do momento tormentoso. O CVV, com o telefone 188, é um recurso gratuito disponível em todo território nacional, com atendentes treinados para ouvir as pessoas, 24 horas por dia.

Rodrigues de Camargo

SETEMBRO

Anotações importantes

viagens | cursos | reuniões | aniversários | provas | trabalhos | contas

1
2
3
4
5
6
7
8
9
10
11
12
13
14
15
16
17
18
19
20
21
22
23
24
25
26
27
28
29
30

Hora	
08h	
09h	
10h	
11h	
12h	
13h	
14h	
15h	
16h	
17h	
18h	

01
SETEMBRO
QUINTA

Início da Semana da Pátria
Setembro amarelo - Mês de prevenção ao suicídio

Tenho hoje profundíssima compaixão de todos os homens e mulheres encarnados, que desejam insistentemente a morte física e procuram-na, através de vários modos, utilizando recursos indiretos e imperceptíveis aos demais, quando lhes faltam disposição para o ato espetacular do suicídio.

Aguardam-nos atividades e problemas tão complexos de trabalho, que mais venturosa lhes seria a existência totalmente desprovida de encanto, com pesadas disciplinas a lhes inibirem as divagações.

Gotuzo/André Luiz (Chico Xavier) – Obreiros da vida eterna – FEB

Somente o justo desfruta de paz de espírito.
Epicuro

02
SETEMBRO
SEXTA

08h

09h

10h

11h

12h

13h

14h

15h

16h

17h

18h

Todo Dia

03 SETEMBRO
SÁBADO

- 08h
- 09h
- 10h
- 11h
- 12h
- 13h
- 14h
- 15h
- 16h
- 17h
- 18h

Se a dor te constringe o peito, em forma de angústia ou abandono, tristeza ou enfermidade, recorre a Deus primeiro.

Ele será teu refúgio na tempestade, companheiro na solidão, esperança nas lágrimas e remédio no sofrimento.

***Emmanuel* (Chico Xavier) – Caminho espírita – IDE**

---

04 SETEMBRO
DOMINGO

- 08h
- 09h
- 10h
- 11h
- 12h
- 13h
- 14h
- 15h

Uma das mais belas compensações desta vida é que nenhum ser humano pode sinceramente ajudar o outro sem que esteja ajudando a si mesmo.

Ralph Waldo Emerson

05
SETEMBRO
SEGUNDA

Dia do irmão

Todo Dia

08h

09h

10h

11h

12h

13h

14h

15h

16h

17h

18h

| 08h |
| 09h |
| 10h |
| 11h |
| 12h |
| 13h |
| 14h |
| 15h |
| 16h |
| 17h |
| 18h |

06
SETEMBRO
TERÇA

Os calcetas e empedernidos, os refratários ao amor e os que se arrojaram aos despenhadeiros do suicídio, do homicídio, recomeçam, na Terra, encarcerados nas expiações lenificadoras...

A provação é oportunidade para o espírito renovar-se. A expiação constitui-lhe corretivo severo.

Joanna de Ângelis (Divaldo Franco) – **Episódios diários – LEAL**

| 08h |
| 09h |
| 10h |
| 11h |
| 12h |
| 13h |
| 14h |
| 15h |

07
SETEMBRO
QUARTA

Dia da Independência do Brasil

O pior dos papéis deste mundo consiste em trabalhar conscientemente para envenenar as almas.

Léon Denis – **Socialismo e espiritismo – CE Léon Denis**

08

SETEMBRO
QUINTA

Dia internacional da alfabetização

08h

09h

10h

11h

12h

13h

14h

15h

16h

17h

18h

Todo Dia

09
SETEMBRO
SEXTA

Dia do administrador
Dia do médico veterinário

O ceticismo é um lento suicídio.
Ralph Waldo Emerson

Tudo o que acontece no Universo tem uma razão de ser, um objetivo. Nós, como seres humanos, temos uma só lição na vida: seguir em frente e ter a certeza de que apesar de, às vezes, estar no escuro, o sol vai voltar a brilhar.
Irmã Dulce

A maioria, para não dizer a totalidade dos suicídios, é praticada pelas pessoas que não conseguiram despertar em si a fé – tanto em si mesmas quanto, e principalmente, num Poder Superior, e numa vida além da matéria.
Rodrigues de Camargo

10
SETEMBRO
SÁBADO

- 08h
- 09h
- 10h
- 11h
- 12h
- 13h
- 14h
- 15h
- 16h
- 17h
- 18h

11
SETEMBRO
DOMINGO

- 08h
- 09h
- 10h
- 11h
- 12h
- 13h
- 14h
- 15h

Todo Dia

12
SETEMBRO
SEGUNDA

Sejam quais forem os impedimentos ou provocações que te assinalem a vida, asserena o espírito na fé viva e permanece na tarefa que te foi reservada.

Porquanto, sempre que estamos guardando paciência e confiança em nossos obstáculos, trabalhando e servindo na prestação de auxílio para liquidar fraternalmente os problemas dos outros, Deus em regime de urgência liquidará também os nossos.

Emmanuel (Chico Xavier) – Caminho iluminado – CEU

O universo é mudança; nossa vida é o que dela fazem nossos pensamentos.
Marco Aurélio

A felicidade e a saúde são incompatíveis com a ociosidade.
Aristóteles

13
SETEMBRO
TERÇA

Todo Dia

08h

09h

10h

11h

12h

13h

14h

15h

16h

17h

18h

14
SETEMBRO
QUARTA

Dia da cruz

Sonho com o dia em que todos se levantarão e compreenderão que fomos feitos para vivermos como irmãos.
Nelson Mandela

Sei o que é passar necessidade e sei o que é ter fartura. Aprendi o segredo de viver contente em toda e qualquer situação, seja bem alimentado, seja com fome, tendo muito, ou passando necessidade.

Tudo posso naquele que me fortalece.
Paulo **(Filipenses 4:12-13)**

Só existem dois dias no ano que nada pode ser feito. Um se chama ontem e outro se chama amanhã, portanto hoje é o dia certo para amar, acreditar, fazer e principalmente viver.
Dalai Lama

15
SETEMBRO
QUINTA

Dia do cliente

Todo Dia

08h

09h

10h

11h

12h

13h

14h

15h

16h

17h

18h

16
SETEMBRO
SEXTA

Ninguém cruza nosso caminho por acaso e nós não entramos na vida de alguém sem nenhuma razão.
Chico Xavier

Vinde a mim, todos os que estais cansados e oprimidos, e eu vos aliviarei.

Tomai sobre vós o meu jugo, e aprendei de mim, que sou manso e humilde de coração; e encontrareis descanso para as vossas almas.

Porque o meu jugo é suave e o meu fardo é leve.
Jesus (Mateus 11:28-30)

Toda pessoa humana representa algo de único e cada uma das situações da sua vida algo que não se repete.
Viktor Frankl

17
SETEMBRO
SÁBADO

Dia da compreensão mundial

08h
09h
10h
11h
12h
13h
14h
15h
16h
17h
18h

18
SETEMBRO
DOMINGO

Todo Dia

08h
09h
10h
11h
12h
13h
14h
15h

08h	
09h	
10h	
11h	
12h	
13h	
14h	
15h	
16h	
17h	
18h	

19
SETEMBRO
SEGUNDA

Nenhuma atividade no bem é insignificante. As mais altas árvores são oriundas de minúsculas sementes.

A repercussão da prática do bem é inimaginável...

Para servir a Deus, ninguém necessita sair do seu próprio lugar ou reivindicar condições diferentes daquelas que possui.

Os espíritos amigos sempre mostram disposição de nos auxiliar, mas é preciso que, pelo menos, lhes ofereçamos uma base...
Chico Xavier

Para cada minuto de zanga, você perde sessenta segundos de bem-estar.
Ralph Waldo Emerson

Qualquer lugar onde alguém está contra a sua vontade é, para este alguém, uma prisão.
Epicteto

20
SETEMBRO
TERÇA

08h

09h

10h

11h

12h

13h

14h

15h

16h

17h

18h

Todo Dia

21
SETEMBRO
QUARTA

Dia da árvore
Dia do adolescente
Dia do fazendeiro

08h

09h

10h

11h

12h

Desconfie das convenções sociais.

Assuma a sua própria maneira de pensar.

Desperte do entorpecimento causado pelos hábitos adotados sem reflexão.

Epicteto

13h

14h

15h

A árvore não prova a doçura dos próprios frutos; o rio não bebe suas próprias ondas; as nuvens não despejam água sobre si mesmas. A força dos bons deve ser usada para benefício de todos.

Provérbio hindu

16h

17h

18h

Não julgues nada pela pequenez dos começos. Uma vez fizeram-me notar que não se distinguem pelo tamanho as sementes que darão ervas anuais das que vão produzir árvores centenárias.

Josemaria Escrivá

22
SETEMBRO
QUINTA

Início da primavera
Dia mundial sem carro

S 30
Q 29
Q 28
T 27
S 26
D 25
S 24
S 23
Q 22
Q 21
T 20
S 19
D 18
S 17
S 16
Q 15
Q 14
T 13
S 12
D 11
S 10
S 09
Q 08
Q 07
T 06
S 05
D 04
S 03
S 02
Q 01

Todo Dia

08h

09h

10h

11h

12h

13h

14h

15h

16h

17h

18h

23
SETEMBRO
SEXTA

08h

09h

10h

11h

12h

13h

14h

15h

16h

17h

18h

Dez mil flores na Primavera,

a lua no Outono,

uma brisa fresca no Verão,

neve no Inverno.

Se sua mente não estiver nublada por coisas desnecessárias,

esta é a melhor estação de sua vida!

Wu Men

Dedica um dos sete dias da semana ao Culto do Evangelho no Lar, a fim de que Jesus possa pernoitar em tua casa. Prepara o coração, abre o Evangelho, distende a mensagem da fé, enlaça a família e ora... Jesus virá em visita.

Joanna de Ângelis (Divaldo P. Franco)

Laranja na mesa. Bendita a árvore que te pariu.

Clarice Lispector

24
SETEMBRO
SÁBADO

08h
09h
10h
11h
12h
13h
14h
15h
16h
17h
18h

25
SETEMBRO
DOMINGO

Dia nacional do trânsito

08h
09h
10h
11h
12h
13h
14h
15h

Todo Dia

26
SETEMBRO
SEGUNDA

As dificuldades são como as montanhas. Elas só se aplainam quando avançamos sobre elas.

Provérbio japonês

Qualquer criatura, quando se mostre agindo sem noção de responsabilidade, pode gerar incêndios lamentáveis, destruindo os mais altos valores da vida. Por isso mesmo, onde estivermos, sejamos nós os bombeiros de Deus.

Emmanuel (Chico Xavier) – Caminhos de volta – GEEM

Do mesmo modo que no início da primavera todas as folhas têm a mesma cor e quase a mesma forma, nós também, na nossa tenra infância, somos todos semelhantes e, portanto, perfeitamente harmonizados.

Arthur Schopenhauer

27
SETEMBRO
TERÇA

Dia nacional do idoso
Dia nacional de doação de órgãos
Dia nacional dos vicentinos

Todo Dia

08h

09h

10h

11h

12h

13h

14h

15h

16h

17h

18h

28
SETEMBRO
QUARTA

Dia da lei do ventre livre

08h
09h
10h
11h
12h
13h
14h
15h
16h
17h
18h

Idoso é uma pessoa que tem muita idade. Velha é a pessoa que perdeu a jovialidade.

Você é idoso quando sonha. É velho quando apenas dorme.

Você é idoso quando ainda aprende. É velho quando já nem ensina.

Você é idoso quando de alguma forma se exercita. É velho quando apenas descansa.

Você é idoso quando seu calendário tem amanhãs. É velho quando seu calendário só tem ontem.

Autor desconhecido

O caminho da perfeição é a prática constante do bem e da fraternidade, com trabalho e conhecimento, pois o determinismo divino (leis eternas e imutáveis) é pela nossa felicidade.

Rodrigues de Camargo

29
SETEMBRO
QUINTA

08h

09h

10h

11h

12h

13h

14h

15h

16h

17h

18h

Todo Dia

30 SETEMBRO
SEXTA

Dia da secretária

08h
09h
10h
11h
12h
13h
14h
15h
16h
17h
18h

Quando se é capaz de lutar por animais, também se é capaz de lutar por crianças ou idosos.

Não há bons ou maus combates, existe somente o horror ao sofrimento aplicado aos mais fracos, que não podem se defender.

Brigitte Bardot

Se você cometeu erros, mesmo os mais sérios, existirá sempre uma segunda chance para você. O que chamamos de fracasso não é cair, mas sim permanecer caído.

Mary Pickford

Sempre existirá um espaço para aperfeiçoamento. Ele está dentro de você, de sua disposição, de sua mente aberta, de buscar a renovação e este espaço maior e pleno é sua alma.

Rodrigues de Camargo

VOCÊ PODE TER DEFEITOS, VIVER ANSIOSO E FICAR IRRITADO

...algumas vezes, mas não se esqueça de que sua vida é a maior empresa do mundo. Só você pode evitar que ela vá à falência. Há muitas pessoas que precisam, admiram e torcem por você. (...)

Gostaria que você sempre se lembrasse de que ser feliz não é ter um céu sem tempestades, caminhos sem acidentes, trabalhos sem fadigas, relacionamentos sem decepções.

Ser feliz é encontrar força no perdão, esperança nas batalhas, segurança no palco do medo, amor nos desencontros.

Ser feliz não é apenas valorizar o sorriso, mas refletir sobre a tristeza. Não é apenas ter júbilo nos aplausos, mas encontrar alegria no anonimato.

Ser feliz é reconhecer que vale a pena viver a vida, apesar de todos os desafios, incompreensões e períodos de crise.

Ser feliz não é uma fatalidade do destino, mas uma conquista de quem sabe viajar para dentro do seu próprio ser.

Ser feliz é deixar de ser vítima dos problemas e se tornar um autor da própria história. É atravessar desertos fora de si, mas ser capaz de encontrar um oásis no recôndito da sua alma. É agradecer a Deus a cada manhã pelo milagre da vida.

Ser feliz é não ter medo dos próprios sentimentos. É saber falar de si mesmo. É ter coragem para ouvir um "não". É ter segurança para receber uma crítica mesmo que injusta. É beijar os filhos, curtir os pais e ter momentos poéticos com os amigos, mesmo que eles o magoem.

Ser feliz é deixar viver a criança livre, alegre e simples que mora dentro de cada um de nós. É ter maturidade para falar "eu errei". É ter ousadia para dizer "me perdoe". É ter sensibilidade para expressar "eu preciso de você". É ter capacidade de dizer "eu te amo".

Desejo que a vida se torne um canteiro de oportunidades para você ser feliz...

Que nas suas primaveras você seja amante da alegria.

Que nos seus invernos você seja amigo da sabedoria.

E quando você errar o caminho, recomece tudo de novo.

Pois assim você será cada vez mais apaixonado pela vida.

E descobrirá que...

Ser feliz não é ter uma vida perfeita. Mas usar as lágrimas para irrigar a tolerância. Usar as perdas para refinar a paciência. Usar as falhas para esculpir a serenidade. Usar a dor para lapidar o prazer. Usar os obstáculos para abrir as janelas da inteligência.

Augusto Cury – **Dez leis para ser feliz – Sextante**

OUTUBRO

Anotações importantes

viagens | cursos | reuniões | aniversários | provas | trabalhos | contas

1 _____
2 _____
3 _____
4 _____
5 _____
6 _____
7 _____
8 _____
9 _____
10 _____
11 _____
12 _____
13 _____
14 _____
15 _____
16 _____
17 _____
18 _____
19 _____
20 _____
21 _____
22 _____
23 _____
24 _____
25 _____
26 _____
27 _____
28 _____
29 _____
30 _____
31 _____

08h	
09h	
10h	

01
OUTUBRO
SÁBADO

Dia internacional da terceira idade
Dia do vendedor
Dia nacional do vereador

11h	
12h	
13h	
14h	
15h	
16h	
17h	
18h	

Idoso é quem tem o privilégio de viver uma longa vida... Você é idoso quando tem planos... você é velho quando só tem saudade. Para o idoso a vida se renova a cada dia que começa... para o velho a vida acaba a cada noite que termina. Que você, quando idoso, viva uma existência longa, mas que nunca fique velho.
Autor desconhecido

08h	
09h	
10h	

02
OUTUBRO
DOMINGO

Dia internacional da não-violência

11h	
12h	
13h	
14h	
15h	

Enquanto julgarmos e acusarmos, não teremos atingido o fundo da questão.
Paul Valéry

03
OUTUBRO
SEGUNDA

08h

09h

10h

11h

12h

13h

14h

15h

16h

17h

18h

Todo Dia

04
OUTUBRO
TERÇA

Dia da natureza
Dia mundial dos animais

08h
09h
10h
11h
12h
13h
14h
15h
16h
17h
18h

Não estrague o seu dia. A sua irritação não solucionará problema algum.

As suas contrariedades não alteram a natureza das coisas.

Os seus desapontamentos não fazem o trabalho que só o tempo conseguirá realizar.

André Luiz (Chico Xavier) – **Agenda cristã – FEB**

No amanhecer silencioso da natureza, queremos pedir oh Senhor pelo trabalho, pela paz e pela coragem de ser útil nesse novo dia. Senhor, sede complacente e abençoa os caminhos de minha família e da humanidade.

Autor desconhecido

Volta teu rosto sempre na direção do sol, e então, as sombras ficarão para trás.

Sabedoria oriental

05 OUTUBRO QUARTA

- 08h
- 09h
- 10h
- 11h
- 12h
- 13h
- 14h
- 15h
- 16h
- 17h
- 18h

Todo Dia

08h	**06**
	OUTUBRO
09h	QUINTA
10h	
11h	
12h	
13h	Criança que vive em segurança aprende a se sentir segura.
14h	
15h	
16h	
17h	Criança tratada com justiça, respeita e confia.
18h	

07
OUTUBRO
SEXTA

Todo Dia

08h

09h

10h

11h

12h

13h

14h

15h

16h

17h

18h

08h	
09h	
10h	**08**
	OUTUBRO
	SÁBADO
11h	
12h	
13h	
14h	
15h	
16h	
17h	
18h	

Criança estimulada, aprende com entusiasmo.

08h	
09h	**09**
10h	OUTUBRO
	DOMINGO
11h	
12h	
13h	
14h	
15h	

Deus colocou a criança sob a tutela dos pais para que eles a conduzam no caminho do bem, e lhes facilitou a tarefa ao conceder à criança uma constituição frágil e delicada, que a torna acessível a todas as impressões.

Allan Kardec

10
OUTUBRO
SEGUNDA

08h

09h

10h

11h

12h

13h

14h

15h

16h

17h

18h

Todo Dia

08h

09h

11
OUTUBRO
TERÇA

10h

11h

12h

13h

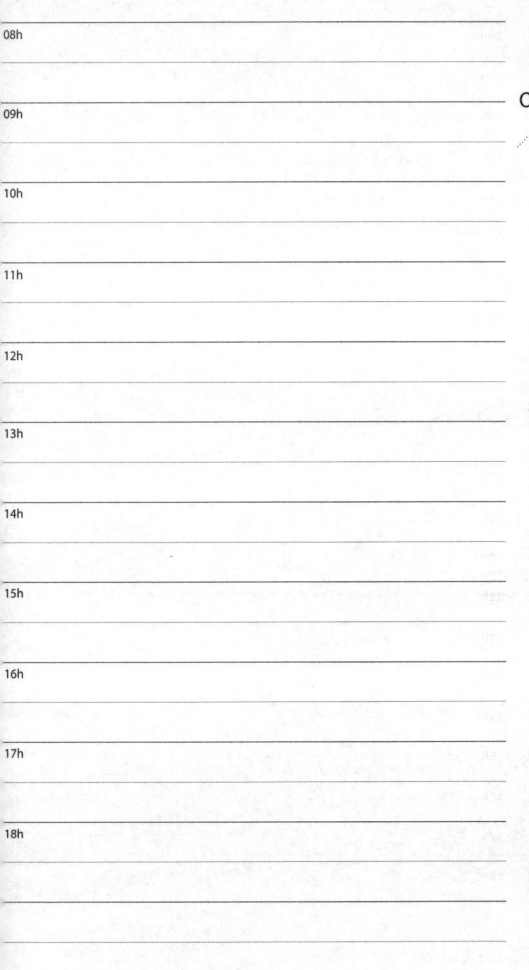

Criança maltratada cresce rancorosa e agressiva.

14h

15h

16h

17h

18h

Criança que ganha afeto desenvolve a afeição.

12
OUTUBRO
QUARTA

Dia N. Sra. Aparecida
Dia das crianças

08h
09h
10h
11h
12h
13h
14h
15h

13
OUTUBRO
QUINTA

08h
09h
10h
11h
12h
13h
14h
15h
16h
17h
18h

Todo Dia

08h

09h

10h

11h

12h

13h

14h

15h

16h

17h

18h

14
OUTUBRO
SEXTA

Criança valorizada aprende a dar valor às pessoas e ao mundo.

Criança humilhada acumula sentimentos de culpa e revolta.

15
OUTUBRO
SÁBADO

Dia do professor

08h
09h
10h
11h
12h
13h
14h
15h
16h
17h
18h

16
OUTUBRO
DOMINGO

Dia mundial da alimentação

08h
09h
10h
11h
12h
13h
14h
15h

Todo Dia

| 08h |
| 09h |
| 10h |
| 11h |
| 12h |
| 13h |
| 14h |
| 15h |
| 16h |
| 17h |
| 18h |

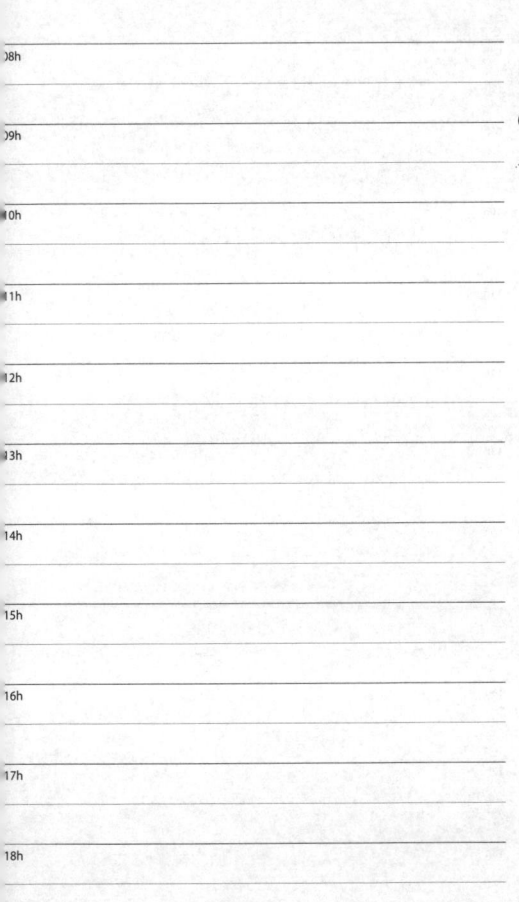

17
OUTUBRO
SEGUNDA

Criança criticada aprende a condenar.

Se tem amigos, a criança desenvolve o sentimento da amizade.

18
OUTUBRO
TERÇA

Dia do médico

08h

09h

10h

11h

12h

13h

14h

15h

16h

17h

18h

Todo Dia

08h

09h

10h

11h

12h

13h

14h

15h

16h

17h

18h

19
OUTUBRO
QUARTA

Criança bem aceita aprende a gostar de si própria e dos outros.

O médico do porvir, para sanar as desarmonias do espírito, precisará mobilizar o remédio salutar da compreensão e do amor, retirando-o do próprio coração. Sem mão que ajude, a palavra erudita morre no ar.

Clarêncio/André Luiz (Chico Xavier) – Entre a Terra e o Céu – FEB

A paciência é a única solução para os males que não têm solução.

Joseph Joubert

20
OUTUBRO
QUINTA

08h

09h

10h

11h

12h

13h

14h

15h

16h

17h

18h

Todo Dia

21 OUTUBRO
SEXTA

8h

9h

0h

1h

2h

3h

4h

5h

6h

7h

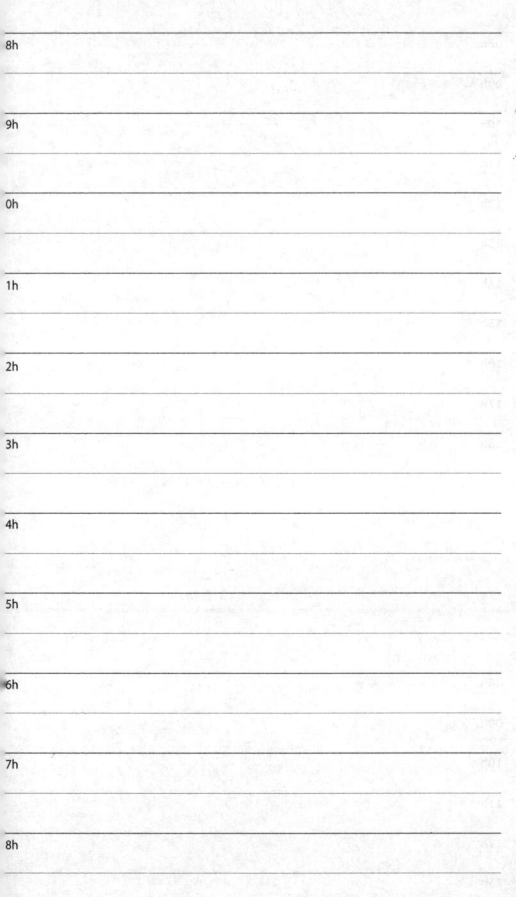

8h

Compreendem que para se chegar até Deus só há uma senha: caridade. Ora, não há caridade sem esquecimento de ultrajes e de injúrias; não há caridade sem perdão e com ódio no coração.

Allan Kardec – O Evangelho segundo o Espiritismo – Editora EME – Capítulo XIV, item 9

Não percas, pois, as tuas horas através de elucidações minuciosas e repetidas para quem não as pode entender, antes que lhe sobrevenham no caminho o sol e a chuva, o fogo e a água da experiência.

Tens mil recursos de trabalhar em favor de teu amigo, sem provocá-lo ao teu modo de ser e à tua fé.

Emmanuel (Chico Xavier) – Pão Nosso, lição 37 – FEB

22
OUTUBRO
SÁBADO

08h
09h
10h
11h
12h
13h
14h
15h
16h
17h
18h

23
OUTUBRO
DOMINGO

08h
09h
10h
11h
12h
13h
14h
15h

Todo Dia

24
OUTUBRO
SEGUNDA

08h
09h
10h
11h
12h
13h
14h
15h
16h
17h
18h

Devemos combater os maus pensamentos com a mesma determinação com que combatemos uma infecção que nos agrida o organismo.

Através da chamada invigilância mental, os agentes das trevas nos parasitam, estabelecendo conosco difícil processo de vampirismo.

Chico Xavier

O seu mau humor não modifica a vida.

A sua dor não impedirá que o Sol brilhe amanhã sobre os bons e os maus.

A sua tristeza não iluminará os caminhos.

O seu desânimo não edificará a ninguém.

André Luiz (Chico Xavier) – Agenda cristã – FEB

25
OUTUBRO
TERÇA

08h

09h

10h

11h

12h

13h

14h

15h

16h

17h

18h

Todo Dia

26
OUTUBRO
QUARTA

08h

09h

10h

11h

12h

13h

14h

15h

16h

17h

18h

O bem que praticares, em algum lugar, é teu advogado em toda parte.
Chico Xavier

Não diga que não pode trabalhar em benefício dos outros.

Quantos mudos dariam uma fortuna para poderem falar como você!

Quantos paralíticos suspiram pelos passos que você pode dar!

Quantos milionários lhe entregariam suas riquezas, para terem um décimo da fé que você tem!

Não diga que não pode trabalhar!

Distribua os bens que Deus lhe concedeu, em gestos de bondade e palavras de carinho.

Pastorino – Minutos de sabedoria – Vozes

27
OUTUBRO
QUINTA

Todo Dia

08h

09h

10h

11h

12h

13h

14h

15h

16h

17h

18h

28
OUTUBRO
SEXTA

08h

09h

10h

11h

12h

13h

14h

15h

16h

17h

18h

Diante de nossas dificuldades o recurso terapêutico para vencer as angústias e provas da vida moderna continua sendo a recomendação do Cristo: trabalhar mais e mais servir.

E diante dos problemas que não nos é possível solucionar busquemos a esperança e a confiança, conforme expressa a oração: Senhor, concedei-nos serenidade para aceitar as coisas que não podemos mudar.

Rodrigues de Camargo

A culpa é um fogo a consumir-nos por dentro...

O remorso é um monstro invisível que alimenta as labaredas da culpa. A consciência não dorme.

O inferno não tem horas diferentes... A dor paralisa a vida dentro de nós.

André Luiz (Chico Xavier) – Entre a Terra e o Céu – FEB

29
OUTUBRO
SÁBADO

Dia Nacional do Livro
Dia Mundial do AVC

08h
09h
10h
11h
12h
13h
14h
15h
16h
17h
18h

30
OUTUBRO
DOMINGO

08h
09h
10h
11h
12h
13h
14h
15h

Todo Dia

Hora	
08h	
09h	
10h	
11h	
12h	
13h	
14h	
15h	
16h	
17h	
18h	

31
OUTUBRO
SEGUNDA

Na atualidade, o homem se previne contra a carência de valores alimentícios, estocando gêneros de primeira utilidade; defende as estradas, afastando o risco de acidentes ou promove a vacinação, frustrando o surto de epidemias.

Pensando nisso, entendamos o imperativo de exercitarmos fortaleza e compreensão, paciência e solidariedade, porque, de modo geral, em todas as existências do mundo, surge o dia em que a crise acontece.

Emmanuel (Chico Xavier) – Paciência – CEU

Dupla delícia. O livro traz a vantagem de a gente poder estar só e ao mesmo tempo acompanhado.

Mário Quintana

RELIGIÃO E ESPIRITUALIDADE

A religião não é apenas uma, são centenas.

A espiritualidade é apenas uma.

A religião é para os que dormem.

A espiritualidade é para os que estão despertos.

A religião é para aqueles que necessitam que alguém lhes diga o que fazer e querem ser guiados.

A espiritualidade é para os que prestam atenção à sua voz interior.

A religião tem um conjunto de regras dogmáticas.

A espiritualidade te convida a raciocinar sobre tudo, a questionar tudo.

A religião ameaça e amedronta.

A espiritualidade lhe dá paz interior.

A religião fala de pecado e de culpa.

A espiritualidade lhe diz: "aprenda com o erro"...

A religião reprime tudo, te faz falso.

A espiritualidade transcende tudo, te faz verdadeiro!

A religião não é Deus.

A espiritualidade é tudo e, portanto, é Deus.

A religião inventa.

A espiritualidade descobre.

A religião não indaga nem questiona.

A espiritualidade questiona tudo.

A religião é humana, é uma organização com regras.

A espiritualidade é Divina, sem regras.

A religião é causa de divisões.

A espiritualidade é causa de união.
A religião lhe busca para que acredite.
A espiritualidade você tem que buscá-la.
A religião segue os preceitos de um livro sagrado.
A espiritualidade busca o sagrado em todos os livros.
A religião se alimenta do medo.
A espiritualidade se alimenta na confiança e na fé.
A religião faz viver no pensamento.
A espiritualidade faz viver na consciência...
A religião se ocupa com fazer.
A espiritualidade se ocupa com ser.
A religião alimenta o ego.
A espiritualidade nos faz transcender.
A religião nos faz renunciar ao mundo.
A espiritualidade nos faz viver em Deus, não renunciar a Ele.
A religião é adoração.
A espiritualidade é meditação.
A religião sonha com a glória e com o paraíso.
A espiritualidade nos faz viver a glória e o paraíso aqui e agora.
A religião vive no passado e no futuro.
A espiritualidade vive no presente.
A religião enclausura nossa memória.
A espiritualidade liberta nossa consciência.
A religião crê na vida eterna.
A espiritualidade nos faz consciente da vida eterna.
A religião promete para depois da morte.
A espiritualidade é encontrar Deus em nosso interior durante a vida.

Guido Nunes Lopes

NOVEMBRO

Anotações importantes

viagens | cursos | reuniões | aniversários | provas | trabalhos | contas

1
2
3
4
5
6
7
8
9
10
11
12
13
14
15
16
17
18
19
20
21
22
23
24
25
26
27
28
29
30

08h	
09h	
10h	
11h	
12h	
13h	
14h	
15h	
16h	
17h	
18h	

01
NOVEMBRO
TERÇA

... se os homens encarnados entendessem a beleza suprema da vida! Se apreendessem, antecipadamente, algo dos horizontes sublimes que se nos apresentam depois da morte do corpo, certamente valorizariam, com mais interesse, o tempo, a existência, o aprendizado!
***André Luiz* (Chico Xavier) – Obreiros de vida eterna – FEB**

08h	
09h	
10h	
11h	
12h	
13h	
14h	
15h	

02
NOVEMBRO
QUARTA

Finados

Devemos aceitar a chegada da chamada morte, assim como o dia aceita a chegada da noite – tendo confiança que, em breve, de novo há de raiar o sol...
Chico Xavier

03
NOVEMBRO
QUINTA

Todo Dia

08h

09h

10h

11h

12h

13h

14h

15h

16h

17h

18h

04
NOVEMBRO
SEXTA

08h

09h

10h

11h

12h

13h

14h

15h

16h

17h

18h

Uma das mais belas lições que tenho aprendido com o sofrimento: Não julgar, definitivamente não julgar a quem quer que seja.
Chico Xavier

Só temos uma vida, a vida do espírito, única, universal, agora, para sempre. Mas, temos estágios onde vamos aprendendo e, quando despertamos a consciência, percebemos que cada amanhecer é um dia a menos nessa dimensão; é como se Deus falasse conosco: recomece, aproveite, faça o melhor, estou contigo todos os dias, em todos os caminhos.
Rodrigues de Camargo

05
NOVEMBRO
SÁBADO

Dia da cultura e ciência
Dia mundial do cinema
Dia nacional da língua portuguesa

- 08h
- 09h
- 10h
- 11h
- 12h
- 13h
- 14h
- 15h
- 16h
- 17h
- 18h

06
NOVEMBRO
DOMINGO

- 08h
- 09h
- 10h
- 11h
- 12h
- 13h
- 14h
- 15h

Todo Dia

07
NOVEMBRO
SEGUNDA

08h

09h

10h

11h

12h

13h

14h

15h

16h

17h

18h

Aprendi a procurar a felicidade limitando os desejos, em vez de tentar satisfazê-los.
J. S. Mill

Há pessoas que desejam saber só por saber, e isso é curiosidade; outras, para alcançarem fama, e isso é vaidade; outras, para enriquecerem com a sua ciência, e isso é um negócio torpe; outras, para serem edificadas, e isso é prudência; outras, para edificarem os outros, e isso é caridade.
S. Tomás de Aquino

O mundo é livro, e quem fica sentado em casa lê somente uma página.
Santo Agostinho

08
NOVEMBRO
TERÇA

08h

09h

10h

11h

12h

13h

14h

15h

16h

17h

18h

Todo Dia

09
NOVEMBRO
QUARTA

08h

09h

10h

11h

12h

13h

14h

15h

16h

17h

18h

A sabedoria não é outra coisa senão a ciência da felicidade.
Denis Diderot

Quando chega a noite, e vamos descansar, não há bênção maior que a consciência tranquila e em paz por ter feito o melhor para si e para o próximo.
Ainda aí é necessário parar e fazer a reflexão: o que posso fazer melhor, onde me equivoquei e posso me corrigir? Porque errar não é pecado, é aprendizado, porém, tem consequências.
Rodrigues de Camargo

A arte da medicina consiste em divertir o paciente enquanto a natureza cura a doença.
Voltaire

10
NOVEMBRO
QUINTA

Todo Dia

08h

09h

10h

11h

12h

13h

14h

15h

16h

17h

18h

11
NOVEMBRO
SEXTA

08h

09h

10h

11h

12h

13h

14h

15h

16h

17h

18h

Os que se encantam com a prática sem a ciência são como os timoneiros que entram no navio sem timão nem bússola, nunca tendo certeza do seu destino.
Leonardo da Vinci

A morte, a meu ver, é mudança de residência sem transformação da pessoa, porque a vida continua com tudo aquilo que colocamos dentro de nós; seja o bem, ou seja a ausência do bem, aquilo que nós denominamos o mal. Nós passamos para outra vida com aquilo que fizemos de nós mesmos.
Chico Xavier – Encontros no tempo – IDE

A ciência sem religião é aleijada; a religião sem ciência é cega.
Einstein

12
NOVEMBRO
SÁBADO

Dia do inventor
Dia do diretor de escola

08h
09h
10h
11h
12h
13h
14h
15h
16h
17h
18h

13
NOVEMBRO
DOMINGO

08h
09h
10h
11h
12h
13h
14h
15h

Todo Dia

14 NOVEMBRO
SEGUNDA

08h

09h

10h

11h

12h

13h

14h

15h

16h

17h

18h

Sabes conduzir a criança ao concurso da escola, à assistência do pediatra, ao auxílio do costureiro ou ao refazimento espiritual nos espetáculos recreativos.

Por isto mesmo não lhes sonegue apoio ao sentimento para que o sentimento se lhe faça correto.

Emmanuel (Chico Xavier) – Chico Xavier pede licença – GEEM

O amor é eterno – a sua manifestação pode modificar-se, mas nunca a sua essência... através do amor vemos as coisas com mais tranquilidade, e somente com essa tranquilidade um trabalho pode ser bem-sucedido.

Vincent van Gogh

15
NOVEMBRO
TERÇA

Dia da Proclamação da República

- 08h
- 09h
- 10h
- 11h
- 12h
- 13h
- 14h
- 15h

16
NOVEMBRO
QUARTA

- 08h
- 09h
- 10h
- 11h
- 12h
- 13h
- 14h
- 15h
- 16h
- 17h
- 18h

Todo Dia

17 NOVEMBRO
QUINTA

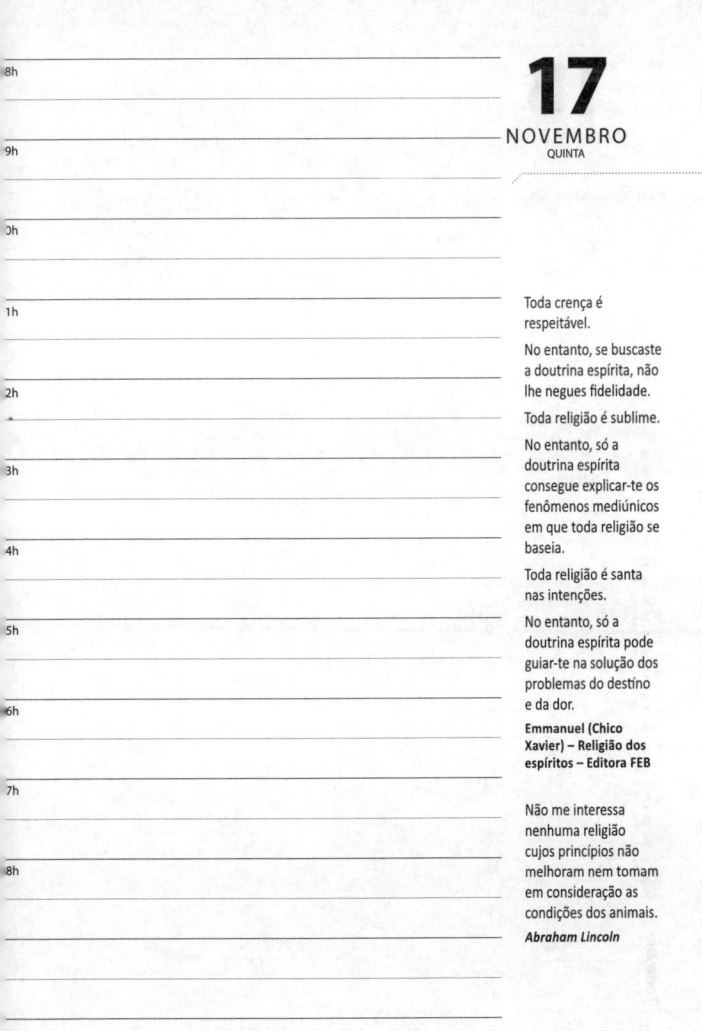

Toda crença é respeitável.

No entanto, se buscaste a doutrina espírita, não lhe negues fidelidade.

Toda religião é sublime.

No entanto, só a doutrina espírita consegue explicar-te os fenômenos mediúnicos em que toda religião se baseia.

Toda religião é santa nas intenções.

No entanto, só a doutrina espírita pode guiar-te na solução dos problemas do destino e da dor.

Emmanuel (Chico Xavier) – Religião dos espíritos – Editora FEB

Não me interessa nenhuma religião cujos princípios não melhoram nem tomam em consideração as condições dos animais.

Abraham Lincoln

18
NOVEMBRO
SEXTA

Dia do Conselheiro Tutelar

Todo Dia

08h

09h

10h

11h

12h

13h

14h

15h

16h

17h

18h

19 NOVEMBRO
SÁBADO

Dia da bandeira

- 08h
- 09h
- 10h
- 11h
- 12h
- 13h
- 14h
- 15h
- 16h
- 17h
- 18h

> Só é necessário fazer guerra com cinco coisas; com as enfermidades do corpo, as ignorâncias da mente, com as paixões do corpo, com as sedições da cidade e as discórdias das famílias.
> *Pitágoras*

20 NOVEMBRO
DOMINGO

Dia nacional da consciência negra

- 08h
- 09h
- 10h
- 11h
- 12h
- 13h
- 14h
- 15h

> Na realidade, toda doença no corpo é processo de cura para a alma.
> *Chico Xavier*

21
NOVEMBRO
SEGUNDA

Dia mundial da saudação

08h

09h

10h

11h

12h

13h

14h

15h

16h

17h

18h

Todo Dia

22 NOVEMBRO
TERÇA

Dia do músico

A ciência multiplica as possibilidades dos sentidos e a filosofia aumenta os recursos do raciocínio, mas a religião é a força que alarga os potenciais do sentimento...

A ciência construirá para o homem o clima do conforto e enriquecê-lo-á com os brasões da cultura superior...

A filosofia auxiliá-lo-á com valiosas interpretações dos fenômenos em que a Eterna Sabedoria se manifesta...

Mas somente a fé, com os estatutos de perfeição íntima, consegue preparar nosso espírito imperecível para a ascensão à glória universal.
Emmanuel (Chico Xavier) – Roteiro – FEB

A enfermidade é um reflexo da mente
Joseph Murphy

08h

09h

10h

11h

12h

13h

14h

15h

16h

17h

18h

23
NOVEMBRO
QUARTA

08h

09h

10h

11h

12h

13h

14h

15h

16h

17h

18h

Todo Dia

24 NOVEMBRO
QUINTA

08h	
09h	
10h	
11h	
12h	
13h	
14h	
15h	
16h	
17h	
18h	

Acima da condição religiosa da criatura, deve estar a sua condição moral.

Tenho visto pessoas que se dizem descrentes fazendo muito mais pelos semelhantes do que aqueles que rezam o dia inteiro.

Chico Xavier

Adotei a teoria da reencarnação aos vinte e seis anos...

Quando descobri a reencarnação foi como se tivesse encontrado um plano universal... A descoberta da reencarnação tranquilizou a minha mente.

Se vai registrar essa conversa, escreve-a de forma a tranquilizar a mente dos homens... a calma que a visão de uma longa vida nos dá.

Henry Ford

25
NOVEMBRO
SEXTA

Dia nacional do doador voluntário de sangue

Todo Dia

T	Q	Q	S	S	D	S
01	02	03	04	05	**06**	07
T	Q	Q	S	S	**D**	S
08	09	10	11	12	**13**	14
T	Q	Q	S	S	**D**	S
15	16	17	18	19	**20**	21
T	Q	Q	S	S	**D**	S
22	23	24	25	26	**27**	28
T	Q					
29	30					

08h

09h

10h

11h

12h

13h

14h

15h

16h

17h

18h

26
NOVEMBRO
SÁBADO

- 08h
- 09h
- 10h
- 11h
- 12h
- 13h
- 14h
- 15h
- 16h
- 17h
- 18h

Sem Deus no coração, as futuras gerações colocarão em risco a Vida no planeta. Por maior que seja o avanço tecnológico da Humanidade, impossível que o homem viva em paz sem que a ideia de Deus o inspire em suas decisões.
Chico Xavier

27
NOVEMBRO
DOMINGO

- 08h
- 09h
- 10h
- 11h
- 12h
- 13h
- 14h
- 15h

Nossa tarefa deveria ser nos libertarmos ... aumentando o nosso círculo de compaixão para envolver todas as criaturas viventes, toda a natureza e sua beleza.
Albert Einstein

28
NOVEMBRO
SEGUNDA

Dia Mundial de Ação de Graças

08h

09h

10h

11h

12h

13h

14h

15h

16h

17h

18h

Todo Dia

29
NOVEMBRO
TERÇA

08h

09h

10h

11h

12h

13h

14h

15h

16h

17h

18h

De tempo em tempo surgem doenças de difícil tratamento ou cura, algumas que afetam alguns aqui, outros ali; têm também aquelas que atingem uma imensidão e se espalham como o fogo nas florestas.

Hoje não se cura, mas se controla, o câncer, a aids também; houve um tempo em que a doença da tuberculose, conhecida e temida como "tísica", era avassaladora; conhecidos são os casos de morte de muitos poetas jovens.

Rodrigues de Camargo

Se o seu caso difícil é a inquietação sexual, traga no pensamento este aviso constante:
– Devo controlar meus impulsos.

***André Luiz* (Chico Xavier) – Ideal espírita – CEC**

30
NOVEMBRO
QUARTA

08h

09h

10h

11h

12h

13h

14h

15h

16h

17h

18h

Todo Dia

SE EU MORRER ANTES DE VOCÊ

Se eu morrer antes de você, faça-me um favor:

Chore o quanto quiser, mas não brigue com Deus por Ele haver me levado.

Se não quiser chorar, não chore.

Se não chorar, não se preocupe.

Se tiver vontade de rir, ria.

Se alguns amigos contarem algum fato a meu respeito, ouça e acrescente sua versão.

Se me elogiarem, corrija o exagero. Se me criticarem demais, defenda-me.

Se me quiserem fazer um santo só porque morri, mostre que eu tinha um pouco de santo, mas estava longe de ser o santo que me pintam.

Se me quiserem fazer o demônio, mostre que talvez tivesse um pouco de demônio, mas que a vida inteira eu tentei ser bom e amigo.

Espero estar com Deus o suficiente para continuar sendo útil a você, lá onde estiver.

E se tiver vontade de escrever alguma coisa sobre mim diga apenas uma frase:

– Foi meu amigo, acreditou em mim e me quis mais perto de Deus.

Aí então derrame uma lágrima.

Eu não estarei presente para enxugá-la, mas não faz mal.

Outros amigos farão isso no meu lugar.

E, vendo-me bem substituído, irei cuidar da minha nova tarefa na vida espiritual.

Mas, de vez em quando, dê uma espiadinha na direção de Deus.

Você não me verá, mas eu ficaria muito feliz vendo você olhar para Ele.

Você acredita nessas coisas?

Então ore para que nós vivamos como quem sabe que vai morrer um dia, e que morramos como quem soube viver direito.

Amizade só faz sentido se traz o céu para mais perto da gente e se inaugura aqui mesmo seu começo.

Mas, se eu morrer antes de você, acho que não vou estranhar o céu... ser seu amigo... já é um pedaço dele...

Autor desconhecido

TEMPOS MELHORES E MAIS FELIZES

E Jesus, respondendo, disse-lhes: Tende fé em Deus.
Marcos 11:22

Enquanto Deus for nosso chão, nossa sustentação, o nosso caminho será seguro e iluminado por essa nossa fé, pelas nossas ações no bem e a esperança no futuro de paz.

A bênção é a filha dileta da oração que concebe, e da fé que fecunda nossa vida.

Quando despertar, antes de falar qualquer coisa ore e leia uma mensagem de otimismo e confiança. Levante-se e agradeça a Deus por mais um dia. Você continua nesta dimensão, com muitas bênçãos.

A vida deve ser vivida com fé e coragem. Porque, sem o Criador, o jardim é sem flor, a riqueza é sem valor, o coração é sem amor e a vida sem explicação.

Ter fé não é achar que Deus fará o que nós desejamos, mas ter a certeza de que Deus fará por nós tudo de que precisamos, porque a fé abre caminhos e o amor indica qual seguir.

A fé é um sentimento original em nós, da certeza de nossa destinação futura na vida espiritual, ela é a lanterna que nos guia na escuridão das decisões e nos ajuda a encontrar a luz da sabedoria.

A fé vem primeiro porque é a mãe da esperança e da caridade, para ser proveitosa deve ser ativa. Allan Kardec ensina que "todos os sofrimentos: misérias, decepções, dores físicas, perda de seres amados, encontram sua consolação na fé no futuro, na confiança na Justiça de Deus, que o Cristo veio ensinar aos homens".

E mais orienta Kardec: "Os homens semeiam na Terra o que colherão na vida espiritual".

Esforçando-nos e perseverando na fé, saberemos encarar a vida com coragem, e vivê-la com gratidão, procurando proteger sempre nosso coração das emboscadas traiçoeiras das provas e expiações que a Terra nos impõe como condição de evolução, compreendendo, perdoando e praticando o bem.

Todo dia é dia de decisão, e podemos colorir a vida com as virtudes que estamos desenvolvendo no guarda-chuva do amor divino, a esperança, a paz, a alegria, a gratidão. E acredite! A mãe delas é a fé raciocinada.

Confiemos, aquietemos a mente quando, às vezes, as coisas demoram a acontecer conforme nossas preces, projetos e rogativas... Mas, acontecem.

O importante é saber esperar e nunca perder a fé.

Rodrigues de Camargo

DEZEMBRO

Anotações importantes

viagens | cursos | reuniões | aniversários | provas | trabalhos | contas

1
2
3
4
5
6
7
8
9
10
11
12
13
14
15
16
17
18
19
20
21
22
23
24
25
26
27
28
29
30
31

Hora	
08h	
09h	
10h	
11h	
12h	
13h	
14h	
15h	
16h	
17h	
18h	

01
DEZEMBRO
QUINTA

Dia internacional da luta contra AIDS

Um simples erro em caminho,

A conversa inesperada,

Uma barreira na estrada

Que nos impeça seguir,

Uma doença ligeira,

São, na essência, a chave certa

Com que o Senhor nos libera

De muita dor no porvir.

Maria Dolores (Chico Xavier)

Mantém o teu controle emocional em todas as situações. Sistema nervoso alterado, vida em desalinho. Se dificuldades ameaçarem o teu equilíbrio, utiliza-te da oração. A prece é medicamento eficaz para todas as doenças da alma.

Joanna de Ângelis (Divaldo P. Franco)

02
DEZEMBRO
SEXTA

08h

09h

10h

11h

12h

13h

14h

15h

16h

17h

18h

Todo Dia

03 DEZEMBRO
SÁBADO

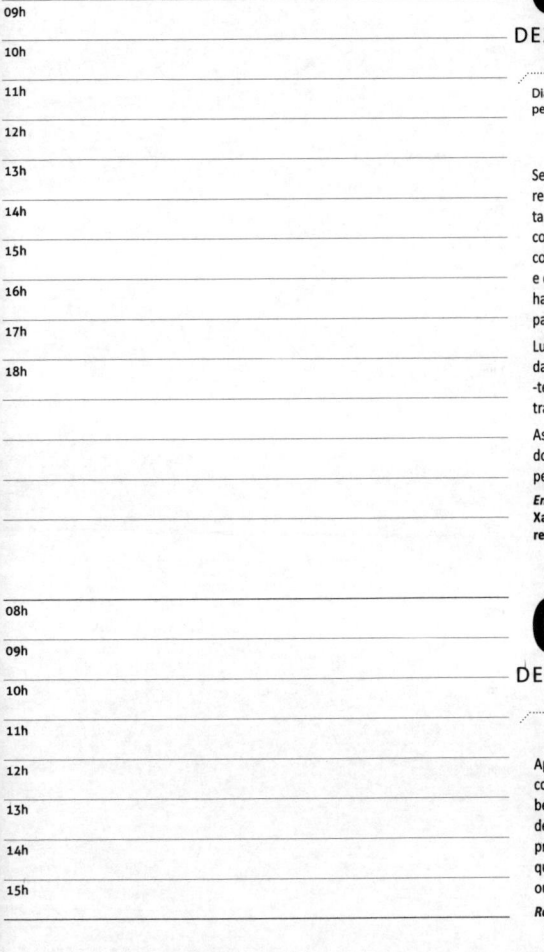

Dia Internacional da pessoa com deficiência

Hora	
08h	
09h	
10h	
11h	
12h	
13h	
14h	
15h	
16h	
17h	
18h	

Se te propões à realização de qualquer tarefa vinculada à construção do bem, conta com problemas e dificuldades que te habilitem as forças para isso.

Luta é outro lado da vitória. Lembra-te: o aço é o ferro trabalhado pelo fogo.

As boas obras nascem do amor temperado pelo sofrimento.

Emmanuel (Chico Xavier) – Livro de respostas – CEU

04 DEZEMBRO
DOMINGO

Hora	
08h	
09h	
10h	
11h	
12h	
13h	
14h	
15h	

Aprende a vencer com paciência e benevolência, o cultivo dessas virtudes sempre produz mais frutos do que a crítica, a revolta ou a violência.

Rodrigues de Camargo

05
DEZEMBRO
SEGUNDA

Todo Dia

08h

09h

10h

11h

12h

13h

14h

15h

16h

17h

18h

08h

09h

10h

11h

12h

13h

14h

15h

16h

17h

18h

06
DEZEMBRO
TERÇA

Supere sua dor com paciência, porque só os vencedores conseguirão o prêmio que se encontra à espera deles.

Não se apresse, mas também não desanime. Supere sua dor com heroísmo, busque alegria, e viva com a sensação otimista daquele que sabe lutar sem desfalecimento.

E verifique que sua vida se transformará num hino de ação de graças ao Pai Todo Bondade.

Pastorino – **Minutos de sabedoria – Vozes**

Se a sua intranquilidade surge da irritação sistemática, coloque este aviso em evidência no lar para observação incessante: – Devo governar minhas emoções.

André Luiz (Chico Xavier) – **Ideal espírita – CEC**

07
DEZEMBRO
QUARTA

08h

09h

10h

11h

12h

13h

14h

15h

16h

17h

18h

Todo Dia

08
DEZEMBRO
QUINTA

Dia da família
Dia da Justiça

08h

09h

10h

11h

12h

13h

14h

15h

16h

17h

18h

Ter alguém do seu relacionamento envolvido com dependência química, seja em álcool ou drogas, é uma coisa natural. Muitas famílias passam por problemas semelhantes. Como reagimos a essa situação é que faz a diferença.

A atitude sensata é buscar compreender que adicção é uma doença física e mental, e que somos impotentes perante ela.

É possível mudar nossas atitudes diante de situações difíceis relacionadas às pessoas que nos rodeiam. A dor é, às vezes, inevitável, mas a insistência nesse sofrimento e a falta de perspectivas são facultativas e controláveis.

Rodrigues de Camargo

09 DEZEMBRO
SEXTA

Dia do alcoólico em recuperação

Todo Dia

- 08h
- 09h
- 10h
- 11h
- 12h
- 13h
- 14h
- 15h
- 16h
- 17h
- 18h

08h	
09h	
10h	
11h	
12h	
13h	
14h	
15h	
16h	
17h	
18h	

10
DEZEMBRO
SÁBADO

Dia da declaração universal dos direitos humanos

As suas reclamações, ainda mesmo afetivas, jamais acrescentarão nos outros um só grama de simpatia por você.

Não estrague o seu dia. Aprenda, com a Sabedoria Divina, a desculpar infinitamente, construindo e reconstruindo sempre para o Infinito Bem.

André Luiz (Chico Xavier) – **Agenda cristã – FEB**

08h	
09h	
10h	
11h	
12h	
13h	
14h	
15h	

11
DEZEMBRO
DOMINGO

A vida é muito perigosa, não só pelas pessoas que fazem o mal, senão e sobretudo pelos que se sentam para ver o que acontece.

Albert Einstein

12
DEZEMBRO
SEGUNDA

08h

09h

10h

11h

12h

13h

14h

15h

16h

17h

18h

Todo Dia

13
DEZEMBRO
TERÇA

O espiritismo lhe dá uma fé inabalável no futuro, e a dúvida pungente não mais tem lugar em sua alma. Fazendo-o ver as coisas do alto, a importância das vicissitudes terrestres perde-se no vasto e esplêndido horizonte que o espiritismo descortina, e a perspectiva da felicidade que o espera traz-lhe paciência, resignação e coragem de ir até o fim do caminho.

Allan Kardec – **O Evangelho segundo o Espiritismo, capítulo VI – Editora EME**

Se o seu problema é alimentar-se excessivamente, exponha na mesa esta legenda escrita, diante dos olhos: – Devo moderar meu apetite.

André Luiz (Chico Xavier) – **Ideal espírita – CEC**

14
DEZEMBRO
QUARTA

Dia Nacional do Ministério Público

Todo Dia

08h

09h

10h

11h

12h

13h

14h

15h

16h

17h

18h

15
DEZEMBRO
QUINTA

08h

09h

10h

11h

12h

13h

14h

15h

16h

17h

18h

A primeira exigência da civilização é a da justiça, ou seja, a garantia de que uma lei, uma vez criada, não será violada em favor de um indivíduo.
Sigmund Freud

A amizade de Jesus pelos discípulos e pelas multidões dá-nos, até hoje, a dimensão do que é o amor na sua essência mais pura, demonstrando que ela é o passo inicial para essa conquista superior que é meta de todas as vidas e mandamento maior da Lei Divina.
Joanna de Ângelis (Divaldo P. Franco) – Momentos de esperança – LEAL

O coração tem razões que a própria razão desconhece.
Blaise Pascal

16
DEZEMBRO
SEXTA

08h

09h

10h

11h

12h

13h

14h

15h

16h

17h

18h

Todo Dia

17 DEZEMBRO
SÁBADO

08h	
09h	
10h	
11h	
12h	
13h	
14h	
15h	
16h	
17h	
18h	

Jesus entendeu a todos, beneficiou a todos, socorreu a todos e esclareceu a todos, demonstrando-nos que a caridade, expressando amor puro, é semelhante ao sol que abraça a todos, mas não transigiu com o mal.

Isso quer dizer que fora da caridade não há tolerância sem coerência.

Emmanuel (Chico Xavier) – Opinião espírita – CEC

18 DEZEMBRO
DOMINGO

08h	
09h	
10h	
11h	
12h	
13h	
14h	
15h	

O Natal é construído com base num lindo e intencional paradoxo: que o nascimento de uma pessoa sem lar seja celebrado em todos os lares.

Gilbert Keith Chesterton

19
DEZEMBRO
SEGUNDA

08h

09h

10h

11h

12h

13h

14h

15h

16h

17h

18h

Todo Dia

08h	
09h	**20**
	DEZEMBRO
	TERÇA
10h	

20
DEZEMBRO
TERÇA

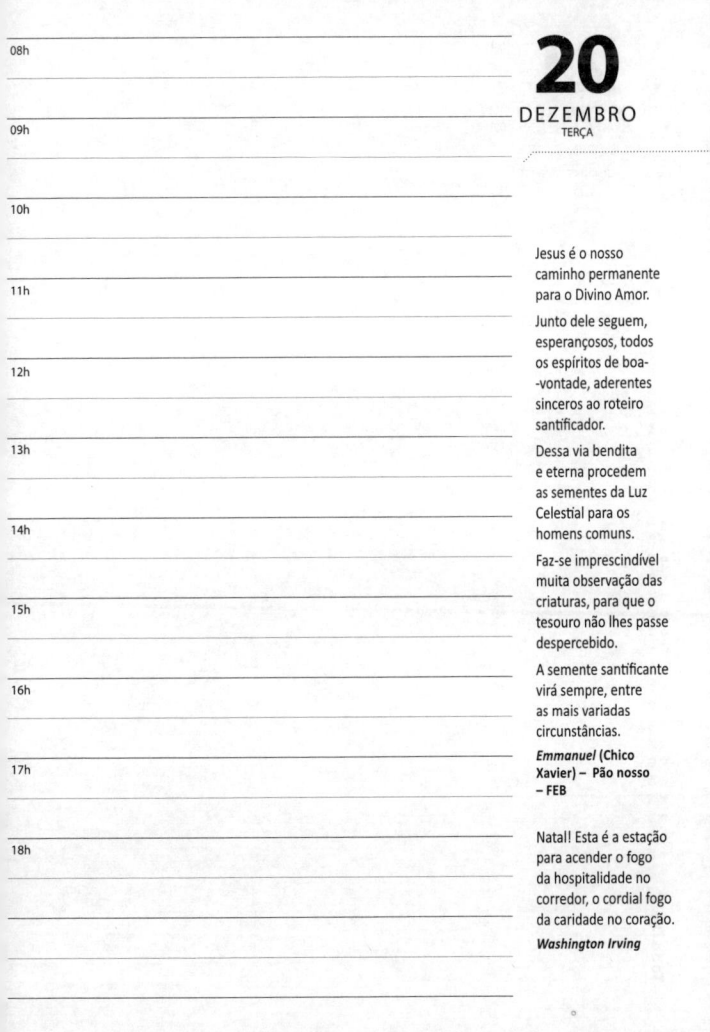

08h

09h

10h

11h

12h

13h

14h

15h

16h

17h

18h

Jesus é o nosso caminho permanente para o Divino Amor.

Junto dele seguem, esperançosos, todos os espíritos de boa-vontade, aderentes sinceros ao roteiro santificador.

Dessa via bendita e eterna procedem as sementes da Luz Celestial para os homens comuns.

Faz-se imprescindível muita observação das criaturas, para que o tesouro não lhes passe despercebido.

A semente santificante virá sempre, entre as mais variadas circunstâncias.

Emmanuel (Chico Xavier) – Pão nosso – FEB

Natal! Esta é a estação para acender o fogo da hospitalidade no corredor, o cordial fogo da caridade no coração.

Washington Irving

21
DEZEMBRO
QUARTA

Início do verão

08h

09h

10h

11h

12h

13h

14h

15h

16h

17h

18h

Todo Dia

22
DEZEMBRO
QUINTA

08h

09h

10h

11h

12h

13h

14h

15h

16h

17h

18h

Mães da Terra, enquanto vos regozijais no amor de vossos filhos, descerrai os braços para os órfãos de mãe!... Lembremos o apelo inolvidável do Cristo: "deixai vir a mim os pequeninos".

E recordemos, sobretudo, que se o homem deve edificar as paredes imponentes do mundo porvindouro, só a mulher poderá convertê-lo em alegria da vida e carinho do lar.

Emmanuel **(Chico Xavier/Waldo Vieira) – O Espírito da Verdade – FEB**

Minha concepção do Natal, seja ele à moda antiga ou mais moderno, é algo bastante simples: amar uns aos outros. Mas, pense comigo, por que nós temos que esperar pelo Natal para agir assim?

Bob Hope

23
DEZEMBRO
SEXTA

Todo Dia

08h

09h

10h

11h

12h

13h

14h

15h

16h

17h

18h

08h	
09h	
10h	
11h	
12h	
13h	
14h	
15h	
16h	
17h	
18h	

24
DEZEMBRO
SÁBADO

Não te esqueças de que Jesus jamais se desespera conosco e, como que oculto ao nosso lado, paciente e bondoso, repete-nos de hora a hora: Ama e auxilia sempre.

Ajuda aos outros amparando a ti mesmo, porque se o dia volta amanhã, eu estou contigo, esperando pela doce alegria da porta aberta de teu coração.

Emmanuel (Chico Xavier) – Vida e caminho – GEEM

08h	
09h	
10h	
11h	
12h	
13h	
14h	
15h	

25
DEZEMBRO
DOMINGO

Natal

Sugestões de presente para o Natal: Para seu inimigo, perdão. Para um oponente, tolerância. Para um amigo, seu coração. Para tudo, caridade. Para toda criança, exemplo bom. Para você, respeito.

Oren Arnold

26
DEZEMBRO
SEGUNDA

08h

09h

10h

11h

12h

13h

14h

15h

16h

17h

18h

Todo Dia

Hora	
08h	
09h	
10h	
11h	
12h	
13h	
14h	
15h	
16h	
17h	
18h	

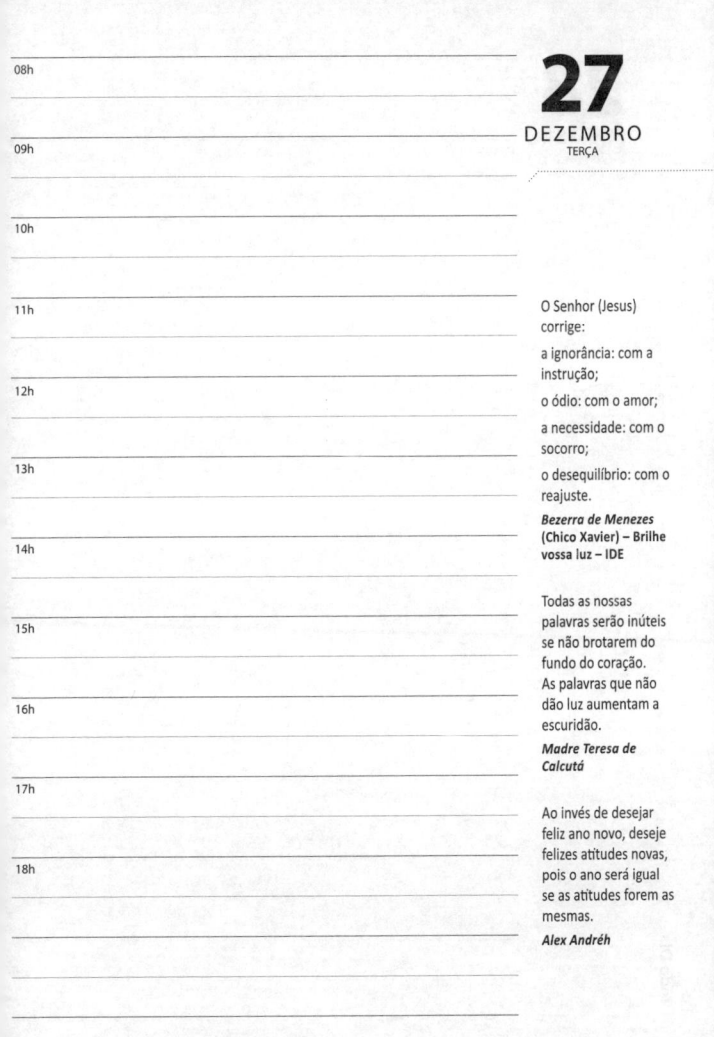

27
DEZEMBRO
TERÇA

O Senhor (Jesus) corrige:

a ignorância: com a instrução;

o ódio: com o amor;

a necessidade: com o socorro;

o desequilíbrio: com o reajuste.

Bezerra de Menezes (Chico Xavier) – Brilhe vossa luz – IDE

Todas as nossas palavras serão inúteis se não brotarem do fundo do coração. As palavras que não dão luz aumentam a escuridão.

Madre Teresa de Calcutá

Ao invés de desejar feliz ano novo, deseje felizes atitudes novas, pois o ano será igual se as atitudes forem as mesmas.

Alex Andréh

28
DEZEMBRO
QUARTA

Todo Dia

08h

09h

10h

11h

12h

13h

14h

15h

16h

17h

18h

08h	
09h	**29** DEZEMBRO QUINTA
10h	
11h	Divulgar, por todos os meios lícitos, os livros que esclareçam os postulados espíritas, prestigiando as obras santificantes que objetivam o ingresso da Humanidade no roteiro da redenção com Jesus.
12h	
13h	
14h	A biblioteca espírita é viveiro de luz. *André Luiz (Waldo Vieira) – Conduta espírita – FEB*
15h	Viver é sempre dizer aos outros que eles são importantes.
16h	Que nós os amamos, porque um dia eles se vão e ficaremos com a impressão de que não os amamos o suficiente. *Chico Xavier*
17h	
18h	De repente, tudo se transforma e chega o Ano Novo radiante de Esperança... *Lucy Pontes*

30
DEZEMBRO
SEXTA

- 08h
- 09h
- 10h
- 11h
- 12h
- 13h
- 14h
- 15h
- 16h
- 17h
- 18h

Todo Dia

Hora	
08h	
09h	
10h	
11h	
12h	
13h	
14h	
15h	
16h	
17h	
18h	

31 DEZEMBRO
SÁBADO

Seja sábio, investindo no futuro. O que ora te acontece, resulta do passado que não podes remediar.

Mas, aquilo que irá suceder, depende do que realizes a partir de hoje.

**Joanna de Ângelis
(Divaldo P. Franco)**

Se quer ver crescer a alegria e o sorriso nas pessoas, semeie sempre o amor e a bondade em seu caminho. Aprenda que gentileza gera gentileza, palavras de carinho geram satisfação.

Rodrigues de Camargo

Quando tudo parecer triste e cinzento, tente encontrar o lado bom da vida.

Há males que nos curam, e dores que nos ensinam.

Chico Xavier

SUPÉRFLUO

Por toda parte na Terra, vemos o fantasma do supérfluo enterrando a alma do homem no sepulcro da aflição.

Supérfluo de dinheiro gerando intranquilidade...

Supérfluo de posses estendendo a ambição...

Supérfluo de preocupações imaginárias abafando a harmonia...

Supérfluo de indagações empanando a fé...

Supérfluo de convenções expulsando a caridade...

Supérfluo de palavras destruindo o tempo...

Supérfluo de conflitos mentais determinando a loucura...

Supérfluo de alimentação aniquilando a saúde...

Supérfluo de reclamações arrasando o trabalho...

Entretanto, se o homem vivesse de acordo com as próprias necessidades, sem exigir o que ainda não merece, sem esperar o que não lhe cabe, sem perguntar fora do propósito e sem reprovar nos outros aquilo que ainda não retificou em si mesmo, decerto, a existência na Terra estaria exonerada de todos os tributos que aí se paga diariamente à perturbação.

Se procuras no Cristo o mentor de cada dia, soma as tuas possibilidades no bem, subtrai as próprias deficiências, multiplica os valores do próprio serviço e divide o amor para com todos, a fim de que aprendas com a vida o que te convém realmente à própria segurança.

O problema da felicidade não está em sermos possuídos pelas posses humanas, quaisquer que elas sejam, mas, em possuí-las, com prudência e serenidade, usando-as no bem de todos que é o nosso próprio bem.

Alija o supérfluo de teu caminho e acomoda-te com o necessário à tua paz.

Somente assim encontrarás em ti mesmo o espaço mental indispensável à comunhão pura e simples com o nosso Divino Mestre e Senhor.

Emmanuel **(Chico Xavier) – Moradias de luz – CEU**

Nome, endereço	fone, celular, e-mail	**A**

| Nome / endereço | fone, celular, e-mail | **BC** |

nome, endereço	fone, celular, e-mail	**DE**

Nome, endereço	fone, celular, e-mail
F G	

Nome
endereço

fone, celular,
e-mail

HI

| Nome, endereço | fone, celular, e-mail | **JK** |

Nome, endereço	fone, celular, e-mail	**LM**

| Nome / endereço | fone, celular, e-mail | **NO** |

Nome, endereço	fone, celular, e-mail	P

Nome, endereço	fone, celular, e-mail

QR

Nome, endereço	fone, celular, e-mail

| Nome, endereço | fone, celular, e-mail — UVW |

Nome
Endereço

fone, celular, e-mail **XYZ**

PRECE DE CÁRITAS

Deus, nosso Pai, que sois todo Poder e Bondade, dai a força àqueles que passam pela provação, dai a luz àquele que procura a verdade, ponde no coração do homem a compaixão e a caridade.

Deus! Dai ao viajor a estrela-guia, ao aflito a consolação, ao doente o repouso.

Pai! Dai ao culpado o arrependimento, ao espírito a verdade, à criança o guia, ao órfão o pai.

Senhor! Que vossa bondade se estenda sobre tudo que criastes.

Piedade, Senhor, para aqueles que vos não conhecem, esperança para aqueles que sofrem.

Que a vossa bondade permita aos espíritos consoladores derramarem por toda parte a paz, a esperança e a fé.

Deus! Um raio, uma faísca do vosso amor pode abrasar a Terra; deixai-nos beber nas fontes dessa bondade fecunda e infinita, e todas as lágrimas secarão, todas as dores se acalmarão.

Um só coração, um só pensamento subirá até vós, como um grito de reconhecimento e de amor.

Como Moisés sobre a montanha, nós vos esperamos com os braços abertos, oh! Bondade, oh! Poder, oh! Beleza, oh! Perfeição, e queremos de alguma sorte merecer a vossa misericórdia.

Deus! dai-nos a força de ajudar o progresso a fim de subirmos até vós; dai-nos a caridade pura, dai-nos a fé e a razão; dai-nos a simplicidade que fará das nossas almas o espelho onde se refletirá a Vossa Imagem.

Cáritas (Madame W. Krell)
Oração constante do livro *Mensagens de saúde*
espiritual, Wilson Garcia e diversos autores, Editora EME